LES EMPLOYÉS

DE

CHEMINS DE FER

ÉTUDE SOCIALE

PAR

ÉMILE DUFOUR

ANCIEN EMPLOYÉ DE LA COMPAGNIE DE L'OUEST

Prix : 2 francs.

PARIS

LIBRAIRIE DU CORRESPONDANT

123, BOULEVARD SÉBASTOPOL, 123

1891

LES EMPLOYÉS

DE

CHEMINS DE FER

LES EMPLOYÉS

DE

CHEMINS DE FER

ÉTUDE SOCIALE

PAR

ÉMILE DUFOUR

ANCIEN EMPLOYÉ DE LA COMPAGNIE DE L'OUEST

PARIS

LIBRAIRIE DU CORRESPONDANT

123, BOULEVARD SÉBASTOPOL, 123

1891

A mes anciens Camarades les Employés de chemins de fer, je dédie cet ouvrage. Puisse-t-il leur être utile.

Émile DUFOUR.

Octobre 1891.

LES EMPLOYÉS
de
CHEMINS DE FER
Etude Sociale
par
EMILE DUFOUR
EMPLOYÉ AUXILIAIRE DE L'ECT DE L'OUEST
A. Ervefel

LES EMPLOYÉS

DE

CHÉMINS DE FER

S'il est une classe de travailleurs intéressante, c'est assurément celle des employés de chemins de fer.

Ses conditions d'existence sociale ne ressemblent en rien à celles des autres catégories d'ouvriers. Elle reste ignorée et entourée de mystère malgré sa vie largement ouverte, malgré ses relations continuelles avec le public, malgré les intérêts communs qui la solidarisent, non seulement avec les classes laborieuses, mais encore avec les classes riches.

Tout ce qui a été dit jusqu'ici de l'employé de chemin de fer est une pure légende. Légende! l'indépendance sagement réglementée, la paternelle discipline! Légende!

les salaires suffisants! Légende! la bienveillance, l'humanité des Compagnies.

Tout ce qu'il y a de légendaire chez
l'employé de chemin de fer c'est son
honnêteté, et ce qui le deviendra, c'est sa
misère. Parmi la masse de ceux qui réclament un peu de soulagement à leurs maux,
parmi tous ceux pour lesquels la bataille
de la vie est d'autant plus rude, que pour
d'autres l'existence est plus douce, plus
agréable, les agents des grandes Compagnies sont considérés comme des heureux,
assurés du lendemain, ne craignant point
le chômage et conséquemment le besoin.
Rien n'est plus faux.

De tous les travailleurs, ceux qui demandent leurs moyens d'existence à l'exploitation des voies ferrées sont peut-être
les plus privés, les plus misérables, mora-
lement et matériellement.

Cette armée d'hommes est une armée
d'esclaves, courbée sous une discipline de
fer, astreinte à de monstrueuses exigences.
En mettant le pied dans l'Administration,
l'employé peut faire sienne la devise ins-

crite par le Dante sur le frontispice de
l'Enfer : « Laisse ici tout espoir. »

Sa carrière est un engrenage qui le tord
et le brise, une chaîne qui l'attache et l'im-
mobilise pendant l'existence entière. Il n'a
de vie personnelle bien juste que ce qu'il faut
pour ne pas mourir ; la vie morale n'existe
plus ; la liberté est un mythe, l'indépendance
est morte. Pourvu d'un numéro d'ordre
comme le matériel, il devient un instrument de rapport, une valeur kilomé-
trique entrant au compte des pertes et
profits.

———

Les intérêts engagés dans ces vastes
monopoles de transports, les appétits toujours croissants des gens de bourse et des
capitalistes, la cohue financière et affamée
d'or qui tourne éternellement autour des
coffres-forts de ces puissantes entreprises,
la passion du lucre, imposent aux malheureux amenés dans ces bagnes par les inéluc-
tables exigences de la vie, une intolérable
existence. Ils la subissent pour leurs familles, pour de vieux parents à leur charge

que la vie a rejetés inertes et impuissants, comme le flot rejette à la plage la coque du navire démonté par sa terrible furie.

Vingt-cinq ans il leur faudra traîner cette existence pour pouvoir, s'ils arrivent eux aussi à la vieillesse, ne pas tout à fait mourir de faim.

Durant cette longue suite d'années, cet interminable défilé de mois et de semaines où la besogne se présente tous les jours la même, l'employé de chemin de fer se meut, animal conscient d'un travail ingrat des milliers de fois répété quotidiennement pendant quatorze heures. Sans un instant de liberté, sans un moment de répit, il passe sans transition du grabat à la peine, toujours en butte aux exigences d'un public ingrat et souvent grincheux, menacé sans cesse de réprimandes ou de punitions par des chefs dont la sévérité constitue le principal titre à l'avancement.

On se fait à tout, même à la souffrance. Tant bien que mal on lui résiste. Pour les enfants on fait face à la peine, on dompte la colère et on ravale les rancœurs. Parfois, comme le prisonnier qui craint le gardien, on secoue sans trop de bruit les liens qui vous étreignent et vous torturent, on ne les brise pas, car, libre même, on craint de se voir poursuivi de la haine de l'ancien maître, haine qui ferme devant vous toutes les portes.

Il est bien rare, en effet, qu'un employé de chemin de fer parvienne à retrouver du travail, s'il a été congédié ou même s'il a volontairement quitté le service d'une Compagnie.

A moins d'être assuré d'une position, le mieux pour lui est encore de rester, si mal qu'il soit, où il se trouve. Quelque précaire qu'elle puisse être, une existence besogneuse est encore préférable à la misère noire. Elle permet de rester honnête.

———

En présence des mensonges accumulés sur ce sujet, mensonges intéressés de la part d'une bourgeoisie avare autant qu'avide, mensonges que ne peuvent démentir les malheureux qui en souffrent, il est temps de déchirer un peu le voile qui entoure les employés de chemins de fer, et d'exposer dans tout ce qu'il a de révoltant le tableau de leur vie.

On a paru se préoccuper d'eux parfois. Mais ce n'était là qu'une feinte sympathie étalée à dessein pour adoucir une situation trop tendue et prête quelquefois à se briser.

Malgré la dernière grève, les ouvriers de chemins de fer ont dû s'avouer vaincus. Loin de changer, leur situation s'est aggravée. Jusqu'à quand cela durera-t-il? Jusqu'à ce qu'une organisation suffisante leur permette d'agir efficacement, c'est-à-dire de mobiliser et de concentrer savamment leurs forces pour une action foudroyante de rapidité, dans laquelle ils culbuteront l'ennemi.

Cela durera jusqu'à ce que l'opinion publique, indifférente ou hostile, leur apporte le concours de son dévouement, qui jamais ne fait défaut aux causes qui ont pour elles la justice et le bon droit, et contre elles la force brutale.

Mais, pour cela, il faut qu'une voix s'élève qui dévoile leurs maux, et signale à tous les iniquités dont ils sont victimes.

Nous tenterons, dans la mesure de nos faibles moyens, de faire entendre cette voix, et nous poursuivrons cette noble tâche d'essayer d'arracher à la misère quatre cent mille travailleurs.

Nous avons vécu de leur vie tous les jours, à toutes les minutes, aussi dirons-nous sans faiblesse tout ce qu'elle comporte d'injustices, de déboires et de rigueurs.

Nous ne craindrons point de stigmatiser cette exploitation sans vergogne de l'homme par l'homme, rappelant en grand, moins le bâton, celle de la race noire par le planteur.

Nous qualifierons comme il convient ces procédés hideux du capital écrasant le travail de tout son poids, substituant la valeur fictive de l'or à la valeur vraie de la main-d'œuvre, profitant du besoin de vivre, voire même de la faim, pour rogner la portion à ceux qu'il consent à ne pas laisser mourir d'inanition. Le dompteur accablant de coups de cravache des fauves étiques et anémiés n'agit pas autrement.

On a caché la vérité, on la cache, nous la dirons.

Nous leur dirons, à ces milliers de travailleurs, qu'il leur suffirait d'oser, de vouloir, d'écouter les conseils de la solidarité, pour obtenir une amélioration de leur sort.

Il leur suffirait comme ils ont essayé de le faire, — trop tôt à notre avis, — de mettre en grève leurs connaissances spéciales en même temps que leurs forces corporelles pour imposer, dans des délais très courts, par une inertie savamment calculée, d'énormes pertes à un capital dont les principaux facteurs de richesse sont la vitesse et l'exactitude des communications par la vapeur, communications dirigées par une activité humaine de tous les instants, et entretenue malgré tout et contre tout, malgré la fatigue et contre le sommeil, malgré le besoin et contre l'hygiène.

Peut-être alors obtiendraient-ils quelque soulagement, et amèneraient-ils, par ces représailles coûteuses, le capital qui les exploite à entrer en composition avec eux.

Nous examinerons donc, du haut en bas de l'échelle, des grands aux petits, l'existence des employés de chemins de fer. Aux grands, nous ne nous arrêterons pas. Nous n'en parlerons que pour faire ressortir le contraste qui existe entre leur situation et celle de leurs subordonnés. C'est des petits que nous nous occupons et que nous nous occuperons. Quand on aura admiré la situation des premiers, peut-être aura-t-on pitié des seconds.

Peut-être aussi, en présence de tant de misères, de tant de souffrances mises au service de l'humanité tout entière, se mêlera-t-il à cette pitié quelque salutaire colère.

———————

Les employés de chemins de fer se divisent en deux grandes catégories :

Les employés *exploiteurs,*

Les employés *exploités.*

Dans la société actuelle, la minorité vit et s'amuse aux dépens du plus grand nombre.

De même, dans les grandes Compagnies, une minorité d'agents ne doivent leur situation morale et pécuniaire qu'à une habile exploitation de leurs collègues.

Par une hiérarchie savante qui encadre, englobe et étreint tout le personnel, les Conseils d'administration s'assurent une source de sérieuses économies, dont, comme toujours, les petits et les faibles font les frais.

Les énormes émoluments alloués par les Compagnies à leurs directeurs et employés supérieurs sont prélevés sur les rognures faites à la part, déjà si minime, de ceux qui ne demandent que les miettes de la table.

Les exploiteurs se subdivisent eux-mêmes en :

Exploiteurs *supérieurs*,
Exploiteurs *inférieurs*.

Exploiteurs supérieurs.

1º Les directeurs avec un traitement annuel de 60,000 à 100,000 francs.

2º Les ingénieurs et chefs de service avec un traitement annuel de 30,000 à 20,000 francs.

Exploiteurs inférieurs.

1° Chefs de bureau pour les services centraux.

2°
- Chefs et sous-chefs du mouvement
- Agents divisionnaires
- Chefs de gare principaux

pour le service de l'exploitation.

3°
- Ingénieurs divisionnaires
- Inspecteurs
- Chefs de section
- Chefs de bureau

pour le service de la voie.

4°
- Chefs de traction
- Chefs de dépôt et sous-chefs
- Chefs et sous-chefs d'atelier

pour le service de la traction.

A ces différentes catégories sont alloués des émoluments dont le taux varie entre 6,000 et 15,000 francs.

Nous ne faisons pas entrer en ligne de compte, bien entendu, les gratifications allouées pour services exceptionnels.

Ces énormes piles d'argent distribuées à ce qu'on est convenu d'appeler le capital intelligence font, malgré tout, songer, de la part de ceux qui les reçoivent, à une différence de race, et penser que, contrairement à tous les principes du droit naturel, la société se divise en deux classes : *les maîtres et les esclaves.*

Nous admettons, certes, que la science acquise, l'habileté technique soient choses largement rétribuables. Mais que peuvent-elles sans le secours des bras, sans l'intelligence pratique qui, elle, ne se contente pas de rêver ou de penser, mais est obligée de créer et de produire?

Dans sa conception psychologique, l'ingénieur peut être le père d'un enfant superbe. L'ouvrier en est la mère. Il supporte les douleurs de l'enfantement, allaite, soigne, fait vivre et grandir le nouveau venu.

La science, qui paraît tant mépriser sa soi-disant ignorance, ne peut donc se passer de lui, semblable en ceci au sculpteur dont la vision géniale ne devient réalité que par l'habile concours du praticien qu'il s'est adjoint.

Pourquoi donc cette anomalie dans les salaires attribués d'une part à la science et de l'autre au travail, le véritable créateur de l'œuvre entreprise ?

Le terrassier qui s'acharne contre un bloc de pierre, employant tour à tour et le pic et la poudre, est pour moi plus intéressant que l'ingénieur qui a décidé d'enlever ce bloc.

Le cantonnier de voie ferrée qui, toujours exposé, toujours menacé d'être mutilé ou broyé par un train, relève une traverse affaissée, découverte par son œil perspicace, m'est beaucoup plus sympathique que l'ingénieur qui ordonne le mouvement des trains et surveille le cantonnier.

L'ingénieur me fait voyager rapidement ; c'est quelque chose, j'en conviens ; mais le cantonnier m'évite de me faire tuer, ce qui est mieux.

La science ne devient donc qu'une partie secondaire dans l'humanité, partie nécessaire, indispensable, mais qui ne peut se passer du concours d'intelligences qui, pour être moins cultivées, n'en sont ni moins vives ni moins lumineuses.

Après cela, on m'accordera bien qu'il y a une injure faite à l'humanité, une contravention flagrante à la loi sociale, dans l'attribution du capital à une minorité, alors que la majorité n'en reçoit que ce qu'elle ne veut pas, ou plutôt ce qu'elle consent à lui laisser.

Mais ce sont là des théories dont s'inquiètent peu les grandes Compagnies. Le lucre et les dividendes, tel est leur but ; la parcimonie, la ladrerie, tels sont leurs moyens.

Aussi les employés exploiteurs, les exploiteurs inférieurs surtout, dont les intérêts sont liés directement à ceux des actionnaires, font-ils peser, sur la masse soumise à leurs ordres, une lourde mais rémunératrice domination. Ils l'écrasent de tout leur poids et alimentent leur fortune de sa misère.

Esprits obtus, uniquement préoccupés de plaire aux maîtres, les exploiteurs inférieurs n'ont jamais eu la conception d'une idée large. Partis de très bas pour la plupart, sans connaissances, rebelles même aux notions les plus élémentaires qui font ce qu'on est en droit d'appeler un homme, ils méprisent leurs subordonnés ; ils brisent et frappent impitoyablement ceux d'entre eux qui ne veulent se résoudre à perdre leur qualité d'hommes et de citoyens, pour la troquer contre celle d'esclaves.

Pour eux, leurs employés sont des machines à avancement auxquelles, sans crainte de les user avant le temps, ils font rendre le plus de travail possible.

Jamais une pensée d'humanité n'a traversé leur cerveau. Les misères accumulées autour d'eux les laissent insensibles, et ils n'ont pour les consoler que cette cynique parole : *Que, sans la bienveillance de la Compagnie qui consent à les occuper, ses agents sans travail seraient bien plus malheureux encore*, et, sur cette citation, ils resserrent un peu les liens qui meurtrissent les malheureux, pour leur enlever à l'avenir toute velléité d'indépendance.

Concluons : L'employé de chemin de fer

doit, non seulement se livrer à un labeur trop peu rétribué, mais encore prouver par sa docilité, son zèle, son dévouement, voire même sa servilité, sa reconnaissance à la Compagnie qui veut bien ne pas le laisser mourir de faim.

Avec de tels principes, est-il étonnant que les exploiteurs dont je parle entassent restrictions sur restrictions, et sous prétexte d'exigences de service, sévérités sur sévérités? Ils n'ont du reste qu'un objectif : se faire valoir aux dépens de leurs inférieurs, et souvent aux dépens de leurs égaux.

Aussi l'envie, les basses compétitions règnent-elles en maîtresses parmi ces cadres subalternes, et l'influence néfaste s'en fait sentir sur la classe des exploités.

Ceux-ci ne trouvent en effet d'autres moyens d'obtenir quelque soulagement, que ceux employés par leurs maîtres.

Et alors, l'âpre lutte pour la vie, dans laquelle tous les déshérités devraient unir leurs forces, leurs intelligences, leurs ressources morales et matérielles pour la rendre moins rude et faire face à l'ennemi, se trouve transformée en combats d'animaux s'entre-dévorant pour s'assurer le morceau convoité.

Triomphant et joyeux, le Capital assiste à ces luttes intestines qui sauvegardent sa domination, au besoin il les encourage et les provoque.

En même temps que l'exploitation matérielle, c'est l'exploitation morale des plus mauvais appétits. C'est l'égoïsme, le plus hideux de tous les vices, élevé à la hauteur d'une institution; c'est avec lui la haine et la division jétées parmi des gens faits pour s'aimer et solidariser leurs joies et leurs chagrins, leurs revendications, leurs droits, leurs ressources, leurs besoins, tout ce qui constitue, en un mot, l'existence sociale qu'on s'obstine à leur refuser.

Telles sont les raisons pour lesquelles les employés de chemins de fer, malgré leur tentative de grève — qui ne fut qu'un symptôme, un indice — n'ont jamais été capables d'un mouvement d'autant plus décisif et irrésistible qu'il eût été plus généreux, pas plus que d'une pensée fraternelle, d'un acte de solidarité vraie.

Les Compagnies les ont laissés faire, impassibles, sachant bien que la misère pour les uns et un inavouable espoir d'avancement pour les autres se chargeraient de les amener à composition.

C'est aussi pourquoi ils subissent leur sort, rongeant leur frein, dévorant leurs désespérances, renfermant leurs colères, sans oser élever une plainte ni formuler une réclamation. Tous ont la crainte salutaire du voisin, et tous, en serrant la main au camarade qui la leur tend, ont à l'esprit cette hideuse pensée de la mort, de la révocation ou de la mise à la retraite d'un gêneur, qui ouvriraient la porte à l'avancement et rendraient un peu moins dur le morceau de pain devant lequel s'ouvrent mille bouches affamées.

Ne sont-elles pas affreuses, de telles conditions d'existence? N'est-elle pas ignoble, la souveraineté qui s'exerce par de tels moyens?

Mais les exploiteurs ont d'autres soucis.

Ils continuent leur œuvre, les uns vis-à-vis d'actionnaires talonnés par la soif de l'or, les autres vis-à-vis de supérieurs qui, forts de leur situation prépondérante, ne leur ménagent ni le dédain pour leur médiocre origine, ni les duretés d'un autoritarisme plein de morgue et de hautaine suffisance.

***

EMPLOYÉS DE BUREAU

Gens bien rétribués sans fournir trop de travail, c'est-à-dire gens heureux ; telle est l'idée qu'on se fait généralement des employés des bureaux des chemins de fer. Rien n'est plus inexact.

C'est dans cette catégorie d'employés que se rencontre la misère dorée : les privations sous l'apparence du bien-être, le besoin sous les dehors de l'aisance modeste.

Soutenus, comme les autres exploités du reste, par l'espérance d'arriver à une minime retraite, ils s'attachent, pendant vingt-cinq années de leur vie, à une ingrate et abrutissante besogne.

J'étonnerai beaucoup de monde en disant que le traitement moyen des employés de bureau ne dépasse pas 1,800 francs, et que la minorité seule arrive, à la fin d'une longue carrière, à un traitement de 3,000 francs. Encore n'en profitent-ils que pendant quelques mois, au bout desquels la mise à la retraite vient impitoyablement les frapper.

La situation des employés de bureau peut paraître plus enviable que celle de leurs collègues. Vivant dans un milieu plus cultivé, il semble que l'existence doive leur être plus douce. C'est une erreur.

Un employé de bureau qui ne veut rien demander à la faveur, à la servilité, un homme dont le caractère se révolte devant les bassesses obligées, voit se fermer devant lui toutes les issues.

S'il ne base ses espérances d'avenir que sur son savoir ou son intelligence, il passe pour une nature indisciplinée, aux yeux de chefs qui ne peuvent se résoudre à rencontrer chez un inférieur l'éducation et l'instruction. Leur sotte grossièreté et leur morgue ignorante s'accommodent mal de ce contraste, cause immédiate de haine et d'envie d'autant plus redoutables qu'elles sont plus sourdes et plus hypocrites.

Chez l'employé de bureau, rien n'est dévolu à l'intelligence, à l'initiative, aux aptitudes personnelles ou spéciales. Tout ce qu'on réclame de lui, c'est une assiduité soutenue, une docilité de terre-neuve, des prévenances adroites, quelques flagorneries, des dispositions d'agent de la police secrète et, principalement, une échine souple comme un jonc. Avec cela, le premier âne bâté de la terre, un Arcadien pur sang, ou un Béotien du cru, peut faire un parfait employé. Il a en outre toutes les qualités requises pour devenir plus tard un chef de bureau modèle, ce qui ne l'empêchera pas de demeurer, comme devant, un crétin accompli.

———

Pour la plupart, les employés débutent à 1,500 francs. Au bout de cinq à six ans, y compris leur stage d'auxiliaires quelquefois fort long, ils arrivent à 1,800 francs, au bout de quinze à vingt ans à 2,400 francs. A la vingt-cinquième année de service, une minorité infime, comme je le disais, couronne sa carrière avec un traitement de 2,700 à 3,000 francs. Les autres, pour un motif ou pour un autre, se sont arrêtés en route et terminent, complètement gagas, avec des traitements variant entre 2,200 et 2,500 francs.

Dans les conditions actuelles de la vie, avec ses besoins toujours croissants, avec ses intolérables exigences, on se fait difficilement une idée des souffrances endurées par un malheureux obligé de passer la majeure partie de son existence avec un salaire de 4 fr. 50 à 5 francs par jour.

Presque toujours, l'employé de bureau est marié, père de famille. Son travail est sa seule ressource. On s'imagine aisément alors la somme de misères accumulées pendant sa carrière administrative. Perpétuellement il est tourmenté par le besoin, le souci du jour et celui du lendemain. Perpétuellement presque, il est traqué par d'impitoyables créanciers, usuriers canailles qui le grugent. Son traitement se grève d'oppositions, de délégations, de transports, et aux fins de mois, il n'en rapporte plus que les morceaux au logis qu'envahit la misère.

Et cependant, non seulement il doit subvenir aux besoins de sa famille, mais encore sa situation l'oblige à tenir un rang. On ne lui supporterait pas au bureau la cotte bleue ou la casquette de l'ouvrier. Combien cependant la préféreraient par économie, voire même par sympathie, à la redingote souvent usée déjà, mais non payée encore, sous laquelle ils cachent et traînent leur misère matérielle et morale.

Cette tenue exigée est pour l'employé une source de dépenses considérables, et cependant il doit s'y résigner.

Quels prodiges d'économie accomplissent ces pauvres ménages? Quelles privations endurent-ils pour subvenir aux besoins de la vie, et faire, s'ils le peuvent, honneur à leurs affaires? Nul ne le sait, comme nul ne saura les larmes que masque une apparente gaieté, les inquiétudes, les soucis de tous genres qui torturent ces hommes dont la fierté se refuse à dévoiler leurs souffrances, et que le besoin oblige à les supporter.

Je prends un exemple : un ménage composé du père, de la mère et de deux enfants. C'est le cas le plus général.

Le père gagne 1,800 francs par an, soit 5 francs par jour. Occupée de l'entretien de la maison et des soins à donner aux enfants, la mère ne peut se livrer à aucun travail rémunérateur. Comptons :

Le chef de famille part le matin et ne rentre que le soir.

Il doit donc prendre un repas dehors, soit, y compris ses menues dépenses 1 50

Le mère fait à manger pour elle et ses deux enfants.

En comptant 1 fr. 50 pour ce repas du matin, nous ne sommes pas au-dessus de la vérité................. 1 50

Nous n'avons pas fait entrer en ligne de compte le petit déjeuner.

A reporter....... 3 »

Report............. 3   »

Le père et la mère s'en privent mais
ils n'en priveront pas leurs enfants;
soit, à 0 fr. 20 par tête............ » 40

Le repas du soir pour quatre personnes à 0 fr. 50 par personne..... 2   »

Loyer et contributions 1   »

Chauffage et éclairage............ » 50

Habillement, blanchissage, entretien, frais divers................. 2   »

Total des dépenses par journée
de travail 8 90

Salaire quotidien............. 5   »

Déficit journalier............. 3 90

D'après ce tableau, que nous défions qui
que ce soit de taxer d'exagéré, un employé
de bureau, vivant plus que médiocrement,
devrait tous les jours s'endetter de 3 fr. 90
pour donner à sa famille bien juste le strict
nécessaire.

Encore admettons-nous que l'on bannisse
de la table toutes les petites douceurs. Les
enfants sont sevrés de ces mille riens qui

font leur joie. Le mari est un homme d'ordre et de conduite. Le café n'a pour lui aucun attrait. Bien mieux, nous en connaissons qui à midi déjeunent d'une promenade sur le boulevard ou dans les rues avoisinantes.

La femme est un modèle de vertu, de simplicité, d'amour maternel, repoussant toute coquetterie, pour n'être qu'une mère sublime et une admirable épouse.

Malgré toutes ces vertus domestiques que nous conteste une bourgeoisie pourrie, ce pauvre ménage devra tous les jours trouver les 3 fr. 90 qui lui manquent; ou alors ce sont les dettes dans lesquelles on s'enfonce chaque jour plus avant.

Que faire? C'est bien simple. Le père se surmène, la mère aussi. Si son Administration ne le lui procure pas, le chef de famille cherche à droite, à gauche, du travail qui puisse lui rapporter un supplément de salaire. Il fait le siège des bureaux d'assurances, de contributions, des études d'huissiers, d'avoués, de notaires, des cabinets d'architectes, etc.

Et ce pauvre s'attelle le soir à la besogne.

Aux sept heures de travail réglementaires, il fait succéder quotidiennement sept, huit, quelquefois neuf heures de travail nocturne. Et quand il a travaillé seize à dix-sept heures par jour, rompu, la tête lourde, la poitrine brisée, l'estomac malade, il va prendre un peu de repos. Le lendemain est assuré.

Tel est l'employé de bureau des grandes Compagnies .Tel est le mortel heureux que d'aucuns envient, et que d'autres traitent de paresseux.

La misère dorée, disions-nous des employés de bureau. Nous contredira-t-on?

Ce n'est rien encore. Nous arrivons à la misère noire.

Toutefois, avant de parler des agents du service actif, nous demandons à dire un mot des employés auxiliaires.

LES EMPLOYÉS AUXILIAIRES

Pour suppléer à l'insuffisance numérique de leurs employés commissionnés, les Compagnies admettent soit dans leurs bureaux, soit dans leurs services actifs, des agents qualifiés d'auxiliaires, et payés sur des crédits extraordinaires ou ordinaires, de travaux ou d'entreprises, au compte desquels on impute leurs traitements sous une rubrique quelconque.

Recrutés parmi les postulants à un emploi définitif, les auxiliaires, quoique soumis aux mêmes devoirs que les agents commissionnés, ne jouissent d'aucun des droits, d'aucune des prérogatives attribués à ces derniers. Leurs emplois étant considérés comme essentiellement provisoires, ils ne peuvent prétendre ni à l'augmentation, ni aux gratifications, pas plus qu'aux très rares faveurs accordées à leurs camarades. Ils conservent cette situation très aléatoire pendant deux, trois, quatre et quelquefois cinq et six ans, avec un traitement de 1,600 francs à 1,800 francs pour les employés de bureau et un salaire de 0 fr. 35 l'heure pour les agents du service actif.

Les Compagnies peuvent à leur gré les conserver ou les congédier, sans que, privés

du jour au lendemain de leur gagne-pain,
ils puissent en aucune façon prétendre à
une indemnité ou à un dédommagement.
Ils sont considérés non seulement comme
des étrangers, mais presque comme des inférieurs. Ils composent la domesticité de la
maison. Un simple fait le prouvera, en
même temps qu'il prouvera la bêtise et la
petitesse d'esprit de certains exploiteurs inférieurs. Dans quelques bureaux l'auxiliaire
n'a droit qu'à une chaise foncée de paille,
vieille et sale le plus souvent, la chaise
foncée de canne étant réservée aux employés commissionnés. Il ne peut prétendre
ni au pupitre, ni au plumier qui sont également les insignes du bureaucrate en titre.

Nous connaissons un de ces agents qui,
s'étant servi de ces objets sacro-saints, s'at-
tira de ce fait de la part de son chef une
observation pompeusement grotesque. Il
est vrai que le même auxiliaire, si peu
respectueux de la tradition paperassière et
continuant ses profanations, s'était subrep-
ticement attribué, au lieu d'un encrier à cu-
vette où il se noircissait les doigts, un en-

crier à pompe qui est l'apanage de l'employé principal. Pareille audace ne pouvait rester impunie en effet.

Quant au ridicule personnage qui soutenait avec l'esprit habituel des gens de sa caste ces importantes prérogatives de la hiérarchie, il use encore ses fonds de culotte sur le rond de cuir vert qui est son fief de chef de bureau. C'est, croyons-nous, tout ce qu'il a jamais eu à user en fait de capacités administratives.

Cette anecdote en dit plus long que toutes les discussions sur la situation qui est faite aux auxiliaires. Cette manière de procéder des Compagnies a du reste une raison d'être fort plausible. Elle a pour but et pour conséquence de ne pas augmenter leur budget par l'inscription au cadre de nouveaux emplois. Elle leur procure à bon marché des agents qui, craignant de se voir remercier d'un jour à l'autre, soutenus par l'espoir d'arriver à une situation définitive, sont pour la plupart des serviteurs modèles. Beaucoup d'entre eux attendent, jusqu'à trente-cinq et même quarante ans, leur admission à titre définitif qui ne peut avoir lieu que lorsqu'il survient une vacance au cadre. Nous allons essayer en quelques lignes de faire comprendre à nos lecteurs le fonctionnement de ce qu'on est convenu d'appeler le cadre.

Un bureau ou une équipe se composent d'un nombre prévu et généralement limité d'employés commissionnés, c'est-à-dire jouissant des droits et immunités accordés par le contrat intervenu entre eux et la Compagnie et définis par les règlements. A ces employés sont alloués des traitements fixés par le budget et dont le chiffre ne peut jamais être dépassé que par la réalisation, sur un autre traitement du cadre, d'une économie correspondante. De cette façon le budget n'est jamais augmenté.

Supposons un bureau composé de sept employés :

1 Chef de bureau............	4.000
1 Sous-chef.................	3.500
1 Employé principal.........	3.000
A reporter......	10.500

	Report.....	10.500
1	Commis d'ordre............	2.500
1	Expéditionnaire............	2.200
1	—	2.000
1	—	1.800
	Total du cadre.....	19.000

Il est alloué à ce cadre de sept employés, sur le budget ordinaire, une somme totale de 19,000 francs qui, en règle générale, ne doit jamais être dépassée.

Le bureau, dont le travail est considérable, s'est adjoint deux auxiliaires qui, pour être régulièrement admis, devront attendre qu'un de ces employés meure, prenne sa retraite, soit révoqué ou appelé à d'autres fonctions.

Le sous-chef ouvre cette vacance. Un poste se trouve libre, et l'on y admet l'auxiliaire le plus ancien. Le traitement du sous-chef étant de 3,500 francs et celui de l'employé appelé à lui succéder n'étant que de 3,000 francs, il existe de ce fait une économie de 500 francs dont s'augmenteront les traitements des agents du bureau.

Le chef a des droits acquis à l'avancement et emporte une augmentation de 300 francs. Le sous-chef, du fait de son changement de grade obtient 200 francs.

Le cadre subit alors les modifications suivantes :

1	Chef........................	4.300
1	Sous-chef..................	3.200
1	Employé principal.........	3.000
1	Commis d'ordre	2.500
1	Expéditionnaire	2.200
1	—	2.000
1	—	1.800
7	Total égal......	19.000

Comme on le voit, le cadre n'a changé, ni par le nombre de ses employés, ni par le chiffre de leurs traitements.

Quant à l'auxiliaire, il est commissionné avec sa solde d'entrée et perd toutes les années de services antérieures qui auraient pu lui compter pour l'avancement.

Quant à ses droits à la retraite, ils sont réduits d'autant, à moins cependant qu'il ne veuille faire remonter ses services au jour de son entrée à la Compagnie, auquel cas, en plus de la retenue régulière de 4 0/0, on lui impose le versement d'une somme égale à 4 0/0 de ses appointements pendant toute la durée de ses services auxiliaires. Ce versement peut être effectué en une ou plusieurs fois, ou par retenues mensuelles dont le montant est fixé par l'intéressé. De tout ceci il ressort que le classement, considéré par les Compagnies comme une faveur, ne produit pour l'auxiliaire que des résultats négatifs :

1° Un retard très préjudiciable dans l'avancement;

2° Une diminution de salaire;

3° Une diminution de la retraite si l'agent ne peut ou ne veut effectuer le versement qui lui est réclamé, et dépasse souvent ses moyens. C'est à ce prix seul qu'il est permis de devenir employé des grandes Compagnies, qui profitent de l'affluence considérable des demandes qui leur sont faites pour rogner les salaires.

Nous ajouterons, en outre, que les auxi-

liaires dont nous parlons sont souvent payés
aux frais des contribuables, ce qui ressort
du fait suivant que nous demandons la permission de citer le plus succinctement possible.

M. J..., employé depuis fort longtemps
à la comptabilité d'un service divisionnaire
d'un département de l'Ouest, avait demandé
vainement d'être commissionné ou d'obtenir une augmentation de traitement.

Arrivé à un âge assez avancé déjà, et
sans position stable, il avait dû chercher à
se faire ailleurs une situation qui présentât
toutes les garanties désirables au point de
vue de la stabilité et des avantages pécu-
niaires.

Dernièrement un de ses proches parents
lui faisait obtenir un poste relativement
élevé dans l'administration de l'Assistance
publique à Paris.

J..., sans aucune fortune personnelle et
dont les ressources limitées à son traitement étaient très restreintes, ne pouvait sans
une grosse dépense effectuer le déplacement
que lui imposait sa nouvelle situation.

Il s'adressa à la Compagnie, et, se basant sur ses services antérieurs pendant lesquels il n'avait reçu ni gratifications, ni augmentation de traitement, les auxiliaires n'y ayant aucun droit, il sollicitait une indemnité de sortie. On la lui refusa. Il demanda simplement alors, qu'on voulût bien lui accorder le parcours gratuit pour sa famille et son mobilier.

Et J... ajoutait qu'il espérait ne pas voir repousser cette très raisonnable demande puisque ses services n'avaient rien coûté à la Compagnie, et qu'il était pour ainsi dire *fonctionnaire de la République*, puisque son traitement était imputé au *crédit de cent soixante millions ouvert par l'Etat à l'administration des chemins de fer de...*

On comprend alors qu'entre ces deux compères qui se nomment les pouvoirs publics et les grandes Compagnies, l'entente soit assez complète pour que les employés soient traités en véritables esclaves, sans que le gouvernement veuille intervenir autrement que pour aider, s'il y a lieu, ses alliés à la répression.

Nous ajouterons que pour les auxiliaires du service actif, les Compagnies ne leur allouent en cas d'accident aucune indemnité. S'ils élèvent quelque réclamation elles s'en débarrassent immédiatement, heureux encore quand elles ne les renvoient pas estropiés.

Comme on le verra plus loin, les agents commissionnés ne sont guère plus heureux.

AGENTS DU SERVICE ACTIF

L'exploitation générale de tout réseau de chemin de fer est divisée en trois grands services, savoir :

Le service de la voie, comprenant l'entretien et la surveillance des lignes en exploitation ;

Le service de l'exploitation proprement dite (marchandises et voyageurs), comprenant le trafic et le mouvement des trains;

Le service de la traction, comprenant le matériel roulant et les ateliers de construction et de réparations (voitures, wagons et locomotives).

Tous ces services possèdent un service central et des services divisionnaires dont les chefs-lieux correspondent généralement aux chefs-lieux des départements desservis par le réseau.

A la tête de ces services divisionnaires sont placés :

Pour le service de la voie : *des ingénieurs.*

Pour l'exploitation : *des agents division-naires.*

Pour la traction : *des chefs de dépôts et des chefs de traction.*

Nous n'entreprendrons pas l'étude de ces différents services, cela nous entraînerait trop loin. Nous en prendrons un comme type : le service de la voie, dont les agents sont très exposés, très mal payés, et qui passe cependant pour le meilleur. D'après ce que nous en dirons, le lecteur jugera les autres.

SERVICE DE LA VOIE

Les ingénieurs du service de la voie ont sous leurs ordres trois catégories d'employés composant la totalité du service, savoir :

1° *Les chefs de section*, seigneurs d'importance, chargés d'une partie de réseau variant entre 120 et 150 kilomètres, quelquefois plus, de lignes à entretenir.

2° *Les piqueurs ou chefs de districts* qui assurent le service sur des portions de lignes de 20 à 25 kilomètres.

Le piqueur est dans la hiérarchie un être hybride tenant de l'exploiteur inférieur et de l'exploité.

3° *Les chefs d'équipes.*

Poseurs.

Surveillants de nuit.

Garde-signaux. Gardes-tunnels.

Gardes-barrières (hommes et femmes).

C'est sous ces différentes dénominations que se classe l'armée des exploités, des misérables, de ceux que le public nomme vulgairement les hommes d'équipe.

Après le tableau ci-dessous des salaires qui leur sont alloués, nous entrerons dans le détail de leurs attributions spéciales de service, et nous exposerons de quelle façon ils sont traités par les Compagnies.

TABLEAU DES SALAIRES

Chefs d'équipes	1,600 fr. par an.
	1,500 —
	1,400 —
	1,300 —
	1,200 —
	1,100 —
	1,000 —
Poseurs	1,140 fr. par an.
	1,080 —
	1,060 —
	920 —
	900 —
	840 —

Surveillants de nuit...	1,080 fr.	par an.
	1,020	—
	960	—
	900	—
Garde-signaux..........	1,140 fr.	par an.
	1,080	—
Gardes-tunnels........	1,140 fr.	par an.
Gardes-barrières.......	1,080	—
(Hommes).	1,020	—
	960	—
	900	—
	840	—
Gardes-barrières.......	350 fr.	par an.
(Femmes).	300	—
	200	—
	180	—
	150	—
	100	—
	80	—
	75	—
	50	—

Quand un agent d'un autre service parle d'un homme de la voie, il en dit : « *Qu'en se levant il a un pied à Mazas et l'autre dans la tombe.* »

Cette brutale et laconique métaphore peint bien exactement l'existence des employés de la voie et n'a rien d'exagéré, comme on va le voir.

CHEFS D'ÉQUIPES ET POSEURS

Il vous est arrivé quelquefois, quand le train vous emporte à toute vitesse, d'apercevoir rangés sur la voie opposée, quatre hommes munis d'outils. C'est l'équipe du canton sur lequel le convoi est engagé. Sur une étendue de 4 à 5 kilomètres que leur chef doit parcourir matin et soir, ces quatre hommes sont chargés de l'entretien des voies, et, par leur surveillance, doivent assurer la sécurité de la circulation.

Continuellement, leur attention est absorbée par le travail qu'ils exécutent, par l'état général de la ligne dont ils doivent rechercher et faire disparaître les moindres défectuosités.

Un boulon qui se desserre, une traverse mal bourrée, une flache dans la voie, un rail imperceptiblement déséquilibré, l'état des éclisses, des coussinets, des tire-fond, des coins, rien ne doit échapper à leur minutieuse observation. Aussi, nuls plus qu'eux ne supportent les exigences et les rigueurs des règlements.

Ils sont responsables du moindre accident, du moindre incident, du moindre retard, qu'une minute d'inattention de leur part aurait provoqués. Aussi payent-ils souvent de leur vie leur dévouement et leur zèle. *Mazas ou la mort.*

Tous les jours au combat, tous les jours au danger ces hommes ressemblent au soldat en campagne que menace la mort, et qui bravement l'affronte, sous peine, s'il fléchit ou recule, de passer pour lâche, d'être poursuivi du mépris de ses chefs, et frappé sans pitié des sévérités de la discipline. Telle est la situation de l'ouvrier des équipes.

Si, justement préoccupé de sa sécurité personnelle, il n'apporte pas à son travail toute l'attention et toute l'activité désirables, il est considéré comme un agent mou, peu zélé, peu dévoué. Il est l'objet d'une surveillance spéciale d'autant plus irritante qu'elle lui attire de continuelles réprimandes suivies de près par des amendes retenues sur sa misérable solde. Dès lors, son avancement se trouve retardé ou irrémédiablement compromis, les moindres faveurs lui sont systématiquement refusées.

Soucieux de son intérêt personnel, autant que des besoins de sa famille, l'homme d'équipe, sous peine de passer pour un mauvais agent, doit donc faire abnégation complète de son individu, pour ne songer qu'à son humble mais héroïque mission de gardien fidèle de la sécurité publique.

Hiver comme été, l'employé de la voie doit douze heures de travail journalier à la Compagnie. Il a droit à un jour de repos par mois. Dimanches et jours fériés, il assure la sécurité de la circulation, toujours plus chargée, surtout en été, par des tournées sur la ligne.

Indépendamment des heures de travail réglementaires il doit toujours être prêt à toute éventualité. Survient-il une forte pluie, un orage, une bourrasque, une tempête de neige pendant la nuit? Sur-le-champ il doit se lever sans souci aucun du danger, inspecter minutieusement la voie, arrêter la circulation, assurer la protection des trains si des avaries trop sérieuses se sont produites, et courir ensuite réveiller le personnel pour remédier au mal.

C'est au risque de compromettre sa santé, au risque des fluxions de poitrine et des pleurésies, que ce malheureux ajoute à son travail quotidien des heures nombreuses d'un travail nocturne des plus pénibles. Ces heures lui sont payées la somme dérisoire de *0 fr. 35 l'une.*

D'autre part, à la moindre alerte, au moindre danger, à la moindre apparence de danger, les chefs d'équipe et poseurs doivent, au péril de leur vie souvent, mais toujours avec un énorme surcroît de fatigue, se porter au devant d'un train annoncé ou attendu, courir d'une gare à une autre, et s'imposer, à une allure des plus vives, des déplacements fort longs quelquefois.

Si, soit qu'ils n'aient pu arriver à temps, soit que pour une raison ou pour une autre leur sagacité ait été mise en défaut, un événement se produit, ils sont invariablement rendus responsables, punis si l'événement est de peu d'importance, chassés s'il engage la responsabilité de la Compagnie, et poursuivis devant les tribunaux si la justice est saisie de l'affaire. La Compagnie solidaire paye, il est vrai, quand il y a condamnation, mais les agents surmenés, exténués font la prison. Non seulement on les tue, mais encore on les déshonore.

Beaucoup d'entre eux, mariés, chargés de famille, associent à leur sort celui de leurs femmes. Pour obtenir le logement gratuit, l'épouse entre comme garde-barrière au service de la Compagnie. Mais elle n'assure que le service de jour, le mari ayant pris l'engagement, pour obtenir le gardiennage d'un passage à niveau, d'assurer le service de nuit. Il doit répondre aux appels du public, et livrer passage aux voitures qui se présentent.

Quel repos peuvent donc prendre ces

hommes, qui, rompus par les fatigues de la journée, doivent encore, par économie, s'imposer des nuits sans sommeil?

Quoique cela, la plupart des chefs d'équipes ne touchent que 1,100 francs, voire 1,000 francs de traitement annuel. Quant aux poseurs, c'est par des émoluments de 960, 900 et 840 francs que se solde leur travail de galériens.

Ces chiffres correspondent à des salaires journaliers de :

3f » pour les chefs d'équipe à 1,100f »
2 75   —   à 1,000 »
2 65 pour les poseurs...... à   960 »
2 45   —   ...... à   900 »
2 30   —   ...... à   840 »

sur lesquels il est retenu 4 0/0 pour la retraite ainsi que le montant des amendes encourues dans le mois.

Au cas où l'on voudrait nous faire observer que nous ne parlons pas des traitements supérieurs qui figurent en tête du tableau, nous répondrons que c'est parce qu'ils ne sont affectés qu'à Paris et aux grandes villes, c'est-à-dire aux gares de forte circulation, où les risques et les dangers sont plus nombreux, les fatigues beaucoup plus grandes et la vie beaucoup plus chère. Relativement, ils sont encore plus insuffisants que les autres.

GARDE-SIGNAUX

Si vous avez quelque peu l'habitude de voyager, vous montez dans un train avec le sentiment de la plus complète sécurité. Vous vous installez le mieux possible dans votre compartiment. Vous allumez un cigare, ouvrez un journal ou un livre; ou bien encore vous rêvez aux plaisirs, aux joies qui vous attendent là-bas. Et cependant, rien, presque rien, peut transformer vos songes heureux en une épouvantable réalité et faire du train qui vous emporte un amas de décombres ensanglantés. Un homme, un seul, un pauvre, un ignoré dont on ne soupçonne même pas l'existence, tient dans sa main la vie de centaines de personnes; c'est le garde-signaux.

Isolé du monde, ermite du travail, il n'a de visites que celles du piqueur ou du chef d'équipe chargés de viser son carnet de passage des trains. Il n'échappe point aux punitions si la moindre irrégularité y est relevée, irrégularité d'autant plus facile à constater que tous les garde-signaux se contrôlent mutuellement par leurs rapports.

Sa responsabilité est telle, son attention doit être tellement absorbée par la tâche qui lui incombe, qu'il lui est formellement interdit de recevoir qui que ce soit, même sa femme, sous peine d'une sévère répression. En service, le garde-signaux ne s'appartient plus.

Perdu sur la ligne, dans sa guérite de briques, il vit au milieu de ses leviers qui commandent les signaux à distance et dont les numéros correspondent à ceux de ces signaux. Près de la fenêtre qui éclaire son poste deux appareils électriques munis d'aiguilles, indiquant le sens du passage des trains. Aux murs, des règlements, des consignes, un horaire et un graphique de marche des convois.

Le garde-signaux est le grand maître de la circulation. Aucun train ne peut franchir son poste sans sa permission ; seul, il a le droit de livrer l'espace à leur dévorante rapidité ; seul aussi, de son initiative propre, il a le droit de les arrêter court et net devant son signal fermé si une irrégularité dans leur marche lui fait prévoir ou plutôt pressentir quelque événement.

Je ne sache pas, chez un employé de chemin de fer, de responsabilité plus terrible que celle d'un garde-signaux. Chaque poste établi d'après le *block-system* est couvert par quatre signaux, deux pour la voie montante, deux pour la voie descendante.

Les signaux se composent d'un signal avancé : le disque, et d'un signal carré ou d'un électro-sémaphore.

Le disque, placé généralement à environ 1,500 mètres du poste ne commande pas, s'il est fermé, l'arrêt absolu, à moins de circonstances ou d'instructions spéciales.

Toutefois, il prévient le mécanicien qu'il doit modérer sa vitesse et en devenir le maître.

Le signal carré ou l'électro-sémaphore, placé près du poste, à environ
50 mètres, commande, s'il est fermé, l'arrêt immédiat et absolu, sous peine pour le
mécanicien d'une amende de 20 francs.

On tient tellement à cette obéissance
passive aux signaux, que tous les signaux
carrés sont munis d'un appareil automa-
tique manœuvrant en même temps qu'eux
et munis de pétards.

Le signal fermé, on place les pétards sur
le rail extérieur et leur explosion indique que
le signal a été franchi. Ces pétards sont
une précaution prise contre des agents trop
intelligents qui, se trouvant en faute, pourraient au moyen du levier de rappel placé
derrière chaque signal, faire croire qu'ils
ont trouvé la voie ouverte. Ceci dit, quelles
sont les fonctions du garde-signaux dans
un poste simple, en pleine voie.

Prenons un exemple, la ligne de Paris
à Pontoise :

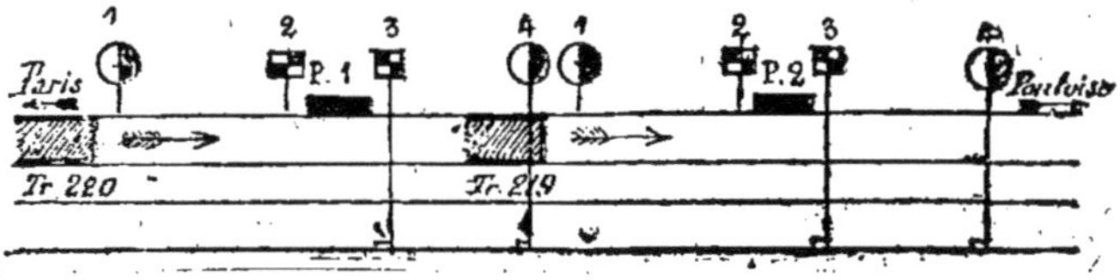

Comme on le voit d'après le croquis ci-dessus, la partie de ligne figurée est divisée en deux sections, commandées chacune par un poste de signaux. D'après le block-system, il ne doit jamais circuler sur ces sections plus d'un train dans le même sens, de telle façon que les trains sont toujours couverts par les signaux du poste qu'ils viennent de franchir.

Deux trains sont engagés sur la ligne Paris-Pontoise : le train 220 et le train 219. Comment opèrent les garde-signaux ?

Le train 220 se présente au poste n° 1 que le train 219 vient de franchir se dirigeant vers le poste n° 2.

L'employé du poste n° 1 a ouvert le signal avancé n° 1 et laissé à l'arrêt le signal carré n° 2.

Lorsque sur un avis du poste suivant, le poste n° 2 aura livré passage au 219, il préviendra le poste n° 1, au moyen de sa sonnerie électrique, que la section est libre entre les deux postes.

Le garde-signaux du poste n° 1 ouvrira alors son signal carré et lancera en toute sécurité le 220 sur la section dont nous venons de parler, en prévenant également son collègue du poste n° 2 qu'il y est engagé, puis il refermera derrière lui le signal carré et ouvrira le signal avancé. Le n° 2 a fait de même pour le 219.

Comme on le voit, cette méthode très simple assure aux trains la plus parfaite sécurité, lorsque le service est régulier. Mais lorsqu'il est surchargé, comme il l'était sur la ligne de Vincennes, lorsque à tout instant circulent des trains facultatifs formés à la hâte, ou supplémentaires, c'est-à-dire dédoublés, en même temps que les trains réguliers, ce n'est qu'au prix des plus grandes fatigues qu'un garde-signaux peut assurer convenablement le service. Il peut se faire, toutefois, qu'ahuri par cette anormale circulation, courant d'un levier à l'autre, passant de minute en minute de la voie montante à la voie descendante, il ait un instant de défaillance ; il peut se faire que son sang-froid l'abandonne et qu'égaré, il oublie de faire un signal, ou opère une fausse manœuvre. C'est alors un malheur inévitable, causé par la science elle-même et dont doivent être rendus responsables ceux qui surmènent des hommes au point de les briser de fatigue et de leur faire perdre la raison. Pour nous, la catastrophe de Saint-Mandé n'a pas eu d'autre cause qu'un oubli ou une fausse manœuvre de la part d'un garde-signaux exténué.

Les Compagnies payent ces employés de 1,140 à 1,080 francs par an, soit un salaire quotidien de 3 fr. 10 et 2 fr. 95. Les garde-signaux ne sont pas logés et doivent souvent franchir de grandes distances pour aller à leur travail. Ils travaillent douze heures alternativement de jour et de nuit.

SURVEILLANTS DE NUIT

Comme nous l'avons dit précédemment, les chefs d'équipes et poseurs, à moins de cas extraordinaires, n'assurent que pendant le jour la surveillance des lignes ; celle de nuit est exercée par des agents spéciaux nommés surveillants de nuit. Ils sont considérés comme représentants de la force publique et par conséquent assermentés. Leurs fonctions sont des plus pénibles. Elles consistent à parcourir à pied, tant à l'aller qu'au retour, des parties de voie de 20 à 25 kilomètres, soit 40 à 50 kilomètres par nuit. Exposé à toutes les intempéries, menacé par tous les dangers, ce modeste agent, égaré dans les ténèbres, explore, une lanterne à la main, minutieusement la ligne dont il connaît les moindres détails.

Il vise en passant les carnets des garde-signaux, s'assure de la régularité du service, et indique par écrit l'heure de son passage à chaque poste, de façon à établir qu'il a bien fait sa tournée. Il est le plus menacé de tous les agents de la voie, exposé à la malveillance ou à l'inconsciente et brutale atteinte d'un train qu'il n'a ni vu, ni entendu, ou dont il n'a pas prévu le passage. Soit qu'il ne se gare pas à temps, soit qu'il heurte un obstacle et fasse une chute en voulant éviter le danger, soit qu'il soit surpris par un croisement et n'ait pas le temps de se coucher à plat ventre sur l'entre-voie, toutes choses possibles à toute heure, à tout instant de sa tournée, il est infailliblement condamné à périr. Que l'atmosphère soit troublée, que la pluie tombe à torrents, que le vent souffle avec furie, le danger redouble pour lui, puisque son œil exercé ne peut plus percer aussi bien la nuit qui l'environne, et son oreille infaillible percevoir au loin le sourd grondement d'un train en marche.

Par contre, c'est aussi le moment où il doit faire abnégation de sa sécurité personnelle pour ne songer qu'à la sécurité générale en redoublant d'efforts pour parer aux événements imprévus que pourraient produire les éléments déchaînés. Qu'un arbre déraciné par la tempête ait été jeté sur la voie et obstrue la circulation. S'il le peut, le surveillant de nuit déplace l'obstacle et continue sa salutaire inspection. Si la tâche est au-dessus de ses forces, il assure la protection des trains et va chercher du secours.

Toujours à la peine, esclave du devoir,

le surveillant marche ou court droit devant lui sans souci aucun de son existence. Il en a vu bien d'autres. Ne connaît-il pas à la seconde près, l'heure du passage de chaque train à tous les points kilométriques de la ligne? Si, pour une cause ou pour une autre, il éprouve quelque appréhension, un simple coup d'œil sur sa montre suffit à le rassurer. Mais s'il se trompe? Si sa montre, sa précieuse montre, retarde ou avance? Si le train lui-même manque d'une minute l'heure réglementaire de son passage? C'en est fait de lui. Un globe de feu illumine soudain la voie d'une éblouissante clarté, que marque cependant un point noir à quelques mètres de distance. Ce point noir c'est l'homme, surpris dans sa fausse sécurité. Le rapide passe, il est passé. Au premier arrêt, le mécanicien en visitant sa machine trouve parfois sur la traverse d'avant ou sur le trottoir, la casquette ou le signal à main du malheureux. Les roues de la locomotive sont ensanglantées, symptômes sinistres. On court de la gare, et à quelques centaines de mètres, à plusieurs kilomètres parfois, on retrouve les restes affreusement mutilés de la victime.

N'est-elle pas horrible, l'histoire de ce pauvre diable qui, revenant de sa tournée, et arrêté sur le quai d'une gare de la ligne de Caen à Cherbourg, trouva la mort en regardant passer un train de marchandises.

Soit qu'il fut trop près, soit qu'un objet dépassât d'un wagon, il fut saisi soudain par la ficelle qui retenait le parapluie qu'il portait en sautoir, et entraîné.

L'homme lutte contre la mort. Dans un effort surhumain il se cramponne au wagon qui l'emporte. A quelques mètres est un tunnel sous lequel le train s'engage. S'il se redresse, il est sauvé. Il va y arriver enfin; mais le train a pris sa course, et le malheureux vient se briser contre les parois du souterrain, pour rouler ensuite sous les roues des véhicules.

Cette épouvantable scène s'est passée à quelques pas de la gare, en présence de tous les agents dont aucun ne pouvait porter secours à la victime de cet atroce martyre.

Pour accomplir sa tâche, le surveillant de nuit a donc à lutter non seulement contre les dangers qu'il connaît, mais encore contre l'imprévu que lui réservent la nuit ou le caprice des éléments.

Malgré les aptitudes spéciales qu'on exige de lui, malgré les fatigues extraordinaires qu'il endure, la situation du surveillant de nuit est précaire comme celle de ses camarades. Assimilé comme grade au deuxième poseur de l'équipe, il touche un traitement annuel de 900 francs par an, soit 2 fr. 30 par jour. Son avancement ne va pas au delà de 960 francs. Comme pour les poseurs et chefs d'équipes, les traitements supérieurs qui figurent au tableau ne sont affectés qu'aux gares ou aux lignes d'importance.

GARDES-BARRIÈRES
HOMMES ET FEMMES

Tout ce que nous dirons ici des gardes-barrières (hommes) peut s'appliquer aux gardes-barrières (femmes).

C'est à leurs invalides que les Compagnies confient ordinairement la garde des barrières de passages à niveau de grande circulation qui exigent une surveillance continue.

Tous les petits vieux courbés par l'âge, les infirmités ou les maladies, à qui incombe cette tâche, sont des victimes du devoir rigoureusement accompli.

La plupart ont reçu en service de graves blessures, ou y ont perdu la santé. Il en est auxquels il manque un bras, d'autres qui marchent avec une jambe de bois. Quand la catastrophe est venue les frapper, leur âge ou leurs années de service ne leur donnaient point encore droit à la retraite, sans quoi les Compagnies les eussent immédiatement congédiés. Elles les gardent donc à leur service, et leur confient ces postes considérés comme des postes de repos, où ces pauvres diables remplissent, sinon les plus fatigantes, du moins les plus ingrates fonctions.

Ces éclopés sont en butte, non seulement aux rigueurs des règlements généraux et des consignes spéciales qui régissent leur travail, mais encore à toutes les vexations d'un public sans pitié pour leur âge ou leurs infirmités.

Si, soucieux de son devoir, le garde-signaux exécute fidèlement la consigne qui lui ordonne de fermer les barrières cinq minutes au moins avant l'heure d'arrivée de chaque train, il est exposé aux injures de charretiers ou de paysans grossiers.

Si, souffrant, il ne va pas assez vite au gré d'un gros bonnet de la contrée qui se présente avec son équipage, il doit se résigner à supporter, sans mot dire, les rodomontades du notaire, du maire, de l'adjoint, ou du candidat député, qui le menacent de l'ingénieur, du chef de section ou du piqueur dont ils sont généralement les amis.

Si, justement irrité des injures, des insultes ou des impertinences dont on l'accable, le garde-barrière risque une réponse un peu sèche sans être impolie, il est immédiatement l'objet d'une plainte qui lui attire une amende ou une réprimande suivant la qualité du plaignant ou l'importance de l'incident.

D'autre part, si pour éviter des scènes désagréables ou conserver la faveur de quelque notable des environs, il a pour lui quelques complaisances, une nouvelle punition ne tarde pas à survenir quand le fait est connu, et il l'est toujours, car le paysan, dans sa jalousie féroce, ne recule pas devant la délation même calomnieuse.

Le garde-barrière doit donc être, non seulement un agent modèle, mais encore un diplomate, sachant concilier avec le soin de plaire à tous, les charges que lui impose sa responsabilité, et elle est grande.

Supposons un instant qu'un train soit régulièrement attendu. Le garde-barrière a interdit l'accès de la voie. Les voitures se sont arrêtées. Cinq minutes se passent, le train ne se présente pas. Croyant à un retard de peu d'importance, l'agent, soucieux de son devoir de gardien de la sécurité se décide à laisser le passage fermé. L'attente se prolonge. Le public qui perd son temps, maugrée, récrimine, puis tempête.

C'est une avalanche de gros mots. Pour échapper à ce concert de malédictions, comme aussi à une plainte, l'agent livre le passage. Une voiture avance, un coup de sifflet retentit. A toute vitesse, le train arrive et vient heurter l'équipage qu'il met en pièces hommes, chevaux et chargement. Le garde-barrière est dans son tort, et la Compagnie d'autant plus impitoyable qu'elle est responsable des dégâts occasionnés du fait de son employé. Elle ne s'inquiète pas des raisons qui ont pu le déterminer à agir de la sorte. L'enquête n'admet pas les circonstances atténuantes. Le garde-barrière est révoqué sans pitié, malgré son âge, malgré ses blessures, malgré ses services, heureux encore s'il échappe à une action judiciaire.

Beaucoup de ces malheureux cependant auraient droit à plus d'égards, car c'est souvent pour sauver un semblable que nombre d'entre eux ont perdu un membre. Leur dévouement en effet est à toute épreuve et de tous les instants, aussi bien chez les femmes que chez les hommes.

Combien n'hésitent pas à se précipiter

devant un train en marche pour sauver un imprudent piéton engagé sur la voie, combien payent souvent de leur vie ce zèle admirable, cette héroïque abnégation, ce sublime sentiment du devoir.

Je n'en veux pour preuve que l'exemple de L..., Georges comme on l'appelait familièrement, ancien garde-barrière de la station de Bellevue, sur la ligne de Versailles (rive gauche).

Un voyageur en retard se présente à la barrière au moment où un train est attendu. Ce voyageur est un abonné. Le train attendu est celui qu'il doit prendre pour se rendre à Paris. S'il le manque, ce retard peut lui causer préjudice peut-être. Il demande instamment le passage. L... voyant le danger, refuse formellement et enjoint au voyageur de rester là où il se trouve. Le piéton, furieux, insiste, menace et finalement s'engage sur le passage à niveau à quelques mètres du train qui arrive à toute vapeur. Il est perdu. L... n'hésite pas alors. Il ne pense ni à la femme, ni aux enfants dont deux encore en bas

âge, qui sont là à quelques pas dans la maisonnette dont on aperçoit le toit. Il se pré-
cipite au devant de l'homme, le repousse
violemment, le sauve. Mais lui? Lui tombe
et le train passe, qui lui coupe la jambe au-
dessus de la cheville. On le transporte à
Necker, où il subit l'amputation. Ce fut
peine perdue. Trois jours après nous l'en-
terrions. Sa veuve suivait le convoi funèbre,
accompagnée de quatre orphelins.

Les femmes elles aussi ont écrit leur
page dans ce livre d'or des héros du devoir.

En voici une qui, au risque de se faire
broyer devant ses enfants qui jouent là dans
la maisonnette, enlève et ravit à la mort
une pauvre vieille de quatre-vingts ans que
le train touchait presque déjà.

Cette autre garde-barrière sur une ligne
à voie unique, est avertie par la cloche
électrique que deux trains venant en sens
contraire se dirigent l'un vers l'autre. C'est
une catastrophe presque inévitable. N'écou-
tant que son courage, elle s'élance sur la
voie, son drapeau déployé vers le premier
train attendu et arrive à temps pour l'arrê-

ter ; elle vole ensuite au devant de l'autre, lui fait les signaux d'alarme et le mécanicien stoppe à quelques mètres du convoi sur lequel il allait se précipiter. Cette femme se nomme Mme Goron, elle est employée sur une ligne de Bretagne.

En voici une autre encore qui se fait tuer, sans songer aux siens, pour sauver un enfant dont, par complaisance, elle avait accepté la garde pour quelques instants.

Nous pourrions continuer ces citations, mais un volume n'y suffirait pas.

Les garde-barrière hommes touchent un traitement annuel de 900 francs, les femmes 50 francs pour la plupart, soit 2 fr. 50 et 0 fr. 10 par jour. Nous citons sans commentaires.

———

En présence des salaires avec lesquels les Compagnies payent leurs employés, on se demande comment ces malheureux font pour vivre. Tous ou presque tous sont mariés et chargés de famille. Il n'est pas rare d'en rencontrer qui ont sept, huit, neuf et même dix et onze enfants. Beaucoup d'entre eux ont à leur charge de vieux parents que leur piété filiale a recueillis. La misère règne donc en maîtresse dans ces pauvres ménages, où chaque jour apporte une nouvelle privation. Les maladies ne tardent pas à suivre, engendrées par le manque absolu d'hygiène ou une nourriture forcément insuffisante et quelquefois malsaine.

N'a-t-on pas vu un malheureux nommé C..., garde-signaux sur la ligne de Serquigny à Rouen (Ouest) être forcé de se loger avec ses quatre enfants dans un misérable taudis dont un amas de paille presque pourrie formait tout l'ameublement et servait de couche à toute la famille. Le père, veuf depuis peu de temps, avait vendu tout ce qu'il possédait pour soigner sa femme.

C... et trois de ses enfants étaient anémiés au point de ne presque plus pouvoir se soutenir. Quant au plus jeune, sa faiblesse était telle que ses membres s'étaient ankylosés par suite de la nécessité où il se trouvait de rester immobile. Depuis combien de temps durait cette situation? On ne le sut pas. Toujours est-il que la Compagnie mit trois mois à s'en apercevoir. Encore fallut-il que le maire de l'endroit où habitait C... là lui signalât en demandant un secours.

La Compagnie ne se pressa pas malgré cela de venir en aide à ces misérables abandonnés. Ce ne fut qu'après une minutieuse enquête sur la vérité des allégations du maire, qu'elle se décida au bout de quelques semaines à accorder un secours de 300 francs, dont l'admission à l'hospice du petit estropié absorba la moitié.

Ce cas est certainement le plus navrant que nous connaissions. Mais combien en existe-t-il d'autres que nous pourrions citer, et qui ne feraient que confirmer ce que nous disions du traitement barbare infligé par les Compagnies de chemins de fer à leurs agents, qu'elles considèrent comme de simples machines de rapport. Un volume ne suffirait pas à publier les lettres douloureusement naïves, dans lesquelles ces malheureux réclament humblement de leur rapace patron un secours, remboursable en dix mois, qui leur permette de payer un créancier impatient ou de subvenir aux frais d'une maladie.

Les Compagnies pourront objecter qu'elles allouent gratuitement à leurs agents et à leurs familles les soins du médecin et les médicaments.

Nous répondrons aux Compagnies que leurs médecins se moquent des agents qu'ils soignent généralement sans aucun zèle, plus préoccupés qu'ils sont de satisfaire ou d'augmenter leur clientèle payante. Les plaintes fourmillent dans les dossiers du service médical. Il suffirait de les ouvrir pour constater que les médecins s'acquittent de leur tâche avec une déplorable et inhumaine mollesse, et que dans bien des cas, dans les cas graves surtout, les agents sont obligés de recourir à l'assistance d'un médecin étranger qu'ils payent de leurs deniers. Nous mettons les administrations de chemins de fer au défi de nous démentir sur ce point comme sur les autres, et si la fantaisie leur en prenait, nos renseignements nous permettraient de les convaincre de mensonge et de mauvaise foi.

Nous avons dit en commençant que les Compagnies assuraient insuffisamment l'existence matérielle de leurs employés, qu'elles vouaient de gaieté de cœur à la misère. Nous croyons l'avoir prouvé. Ce n'est pas tout.

ACCIDENTS

Quand une mort accidentelle frappe un agent en service, il semblerait que les Compagnies dussent s'intéresser à ceux qui lui survivent : à la veuve, aux enfants, à la famille enfin. C'est une erreur. C'est toujours en regimbant, en rechiguant qu'elles leur viennent en aide quand elles y consentent. Encore ont-elles soin de dégager leur responsabilité et de tabler sur la misère des veuves et des orphelins, pour leur arracher l'aveu de l'imprudence du défunt.

C'est chose hideuse vraiment de voir de quelle façon le besoin est exploité lors de la mort par accident d'un employé.

Presque toujours, quand une catastrophe, d'autant plus terrible qu'elle est inattendue, s'abat sur un de ces modestes ménages, la famille se trouve dans une situation misérable qui va s'aggraver encore, par suite de la disparition de celui qui en était le gagne-pain.

Les enfants sont en bas âge, et devant la veuve désolée se dresse terrible ce point d'interrogation : demain ?

Dans cette disposition d'esprit, la malheureuse est résignée à tout pour assurer l'existence de ses petits et la sienne.

D'autre part, eût-elle toutes les raisons possibles de réclamer, qu'elle ne l'oserait, craignant d'encourir le ressentiment de ses puissants patrons. Les Compagnies savent cela. Résiste-t-elle ? On lui alloue un secours qui n'est qu'un appât ; car on a bien soin de la prévenir qu'en présence de son attitude, elle n'entrera en possession que lorsqu'elle sera revenue à de meilleurs sentiments, c'est-à-dire lorsqu'elle aura consenti à tout ce que la Compagnie exigera d'elle. D'un côté on leur présente l'argent, de l'autre le désistement à signer.

Voici les instructions qui, dans ce cas, sont données aux ingénieurs ou agents divisionnaires, lorsqu'ils sont avisés de l'allocation d'un secours pour décès par accidents :

« Comme la mort du sieur X... est due
« à un accident arrivé sur la voie, il con-
« vient de demander à sa veuve un désiste-
« ment en lui payant le secours accordé.

« Je vous prie, en conséquence, de faire
« établir sur une feuille de papier timbré
« à 0 fr. 60 une quittance avec désistement
« établie dans les termes de la formule ci-
« jointe. Cette pièce devra être annexée au
« certificat de paiement indiqué ci-dessus.

« Vous aurez soin de compléter la quit-
« tance préparée à la suite du certificat, en
« inscrivant dans la partie réservée à la
« somme : « Reçu ci-joint contenant désis-
« tement. »

Ci-dessous la formule en question. Nous ne la commenterons pas. Nos lecteurs se chargeront eux-mêmes du soin de l'appré-cier.

Formule de quittance de Secours avec désistement, par une veuve d'employé décédé en service (1).

« Je, soussigné... (nom et prénoms)

« veuve de... (nom et prénoms)

« en son vivant... (nature de l'emploi)

« à la Compagnie de...

« demeurant à...

« rue...

« n°...

« reconnais avoir reçu de la Compagnie des

« chemins de fer de..... la somme de.....

« (en toutes lettres) qu'elle m'a accordée à

« titre de secours, par pure bienveillance

« et sans principe d'obligation, à raison de

« l'accident arrivé le... en gare d... au

« dit... (emploi et nom), mon mari, et qui

« a entraîné sa mort.

« Et déclare par les présentes n'avoir

« rien à réclamer à la Compagnie et à qui

« que ce soit à raison de cet accident; par-

« tant, je tiens quitte ladite Compagnie et

« ses agents de toutes réclamations, de

____

(1) A établir sur timbre à 0 fr. 60.

« quelque nature qu'elles puissent être.

« Paris, ce (en toutes lettres) mil huit
« cent quatre-vingt...

A écrire
par la partie
recevante :
{
« Bon pour désistement et
« quittance de... (en toutes
« lettres) francs. »

(Signature.)

Quand l'infortunée a signé, tout est fini.
Elle encaisse le prix du sang. Mais d'autre
part, la Compagnie, qui exploite ses agents
jusque dans la mort, empoche le désistement qui réduit à néant toutes réclamations
et toutes allégations.

Le mari de cette femme eût-il été assas-
siné sur la voie, qu'en présence de ce docu-
ment attribuant implicitement la mort à
l'imprudence de la victime, la justice ne
pourrait efficacement intervenir; d'autre
part, si la responsabilité de la Compagnie
est engagée, si l'agent, par une circonstance indépendante de sa volonté, a été
victime d'une exigence de service, d'un
défaut de surveillance, d'un retard dans
l'arrivée d'un train à un point réglemen-
tairement indiqué par le graphique de

marche, la Compagnie s'en tire encore les mains nettes.

Quelquefois, fortes de leur bon droit, connaissant la prudence de leurs époux, et les sachant incapables d'un écart de conduite ou d'un manque de tempérance, il arrive que des veuves, révoltées de la monstruosité qu'on exige d'elles, refusent de signer. Confiantes dans la justice, elles engagent un procès.

En cette occurrence, la roublarde Compagnie fait prévenir la veuve que le secours lui sera payé si elle se désiste de son instance, sans préjudice du désistement personnel.

La justice est longue pour ces pauvres femmes. Dénuées qu'elles sont de toutes ressources, il leur est impossible de payer elles-mêmes les frais d'une action devant les tribunaux. Elles s'adressent à l'assistance judiciaire qui n'est jamais pressée dans ses décisions. Encore faut-il que l'enquête soit favorable à la veuve, et que les défendeurs ne l'aient pas empêchée d'aboutir au moyen d'une insinuation calomnieuse habilement répandue.

Pendant ce temps, le besoin accomplit son œuvre. Insidieusement, la Compagnie fait miroiter aux yeux de sa victime l'argent qui apporterait un peu de bien-être. Pour l'obtenir, cet argent, il suffit d'une simple signature.

Lasses enfin de la misère, conscientes de leur faiblesse, soucieuses de l'existence de la famille, les veuves finissent généralement par signer.

Si elles continuent la résistance, elles perdent la plupart du temps leurs procès. Douce aux grands, la justice est dure aux petits.

Parfois, cependant, les tribunaux de première instance condamnent les Compagnies; mais la cour d'appel presque toujours les acquitte.

Les veuves n'ont plus alors qu'une ressource : se faire humbles et suppliantes, avouer qu'elles ont péché, qu'elles ont obéi à de mauvais conseils, et demander pardon en implorant le secours primitivement alloué.

C'est alors que l'autorité des Compagnies se fait durement sentir. On démontre à ces malheureuses qu'elles ont été ingrates envers leurs bienfaiteurs, et que le simple fait d'avoir plaidé leur enlève tout droit à la bienveillance. Néanmoins, « *par huma-nité pure* » on veut bien leur délivrer le secours, en en défalquant toutefois les frais du procès. La somme à toucher devient alors insignifiante.

———

Il est difficile d'imaginer quelque chose de plus cyniquement hypocrite que cette attitude des Compagnies dissimulant sous le voile de la bienfaisance leur sordide et cruelle rapacité.

Ces femmes, ces enfants, dont les maris sont morts victimes de leur devoir, sont isolés, délaissés à dessein. Les exploiteurs inférieurs, bas exécuteurs des ordres reçus, les privent de tous conseils, de tout encou-ragement, même d'une parole de consola-tion. Bien pis, leurs visites sont autant de douleurs ajoutées à celle d'avoir perdu un être cher. Ils s'attachent à bien établir devant ces femmes désolées l'imprudence de leurs époux. Ils leur renouvellent les quelques fautes qu'ils ont pu commettre, les punitions dont ils ont été l'objet, les quelques faveurs qu'ils ont pu obtenir, toutes causes qui seraient de nature à leur aliéner sinon tout à fait, du moins en partie, la bienveillance dont est animé à leur égard le Conseil d'administration. De cette façon ils arrivent à enlever tout espoir à ces femmes abandonnées qui ne voient plus qu'une ressource, celle de se jeter dans les bras de la Compagnie en lui disant :

Vous leur fîtes, Seigneur,
En les mangeant beaucoup d'honneur.

Ces procédés des Compagnies sont du reste très explicables. Si, dans un mouvement du cœur bien compréhensible en présence de pareilles calamités, elles offraient spontanément un secours, les survivants de la victime en pourraient conclure que les patrons sont dans leur tort. Leur proposition en serait la preuve.

Les Compagnies attendent donc, et pour cause, que les veuves fassent appel à leur générosité. Si de leur part, cette demande n'est pas encore un aveu, du moins est-ce un commencement de soumission.

On commence alors à s'occuper d'elles; mais de quelle façon! Nous l'allons faire voir en citant quelques cas de morts accidentelles en service, et en produisant à l'appui de nos affirmations des documents authentiques.

Le premier cas est un cas banal, s'il nous est permis d'employer ce mot. La veuve ne résiste pas.

Une dépêche ainsi conçue :

« Poseur X... tué par train 72 au kil. 18.196, « ligne de... à... »

arrive au service central.

Cette dépêche est suivie du rapport ordinaire du piqueur signalant le fait et d'un rapport spécial du chef de section mandé d'urgence.

RAPPORT SPÉCIAL

« Aujourd'hui à midi vingt-neuf, la ma- « chine du train de voyageurs n° 72 à « tamponné et projeté sur la voie descen-

« dante, au passage à niveau n° 15 de la
« ligne de... à..., le poseur de 5ᵉ classe L...
« (Charles), N° Mˡᵉ 43..., Eq. n° 5, 5ᵉ district.

« Cet accident est arrivé dans les circons-
« tances suivantes : L..., remplaçant mo-
« mentanément sa femme, garde-barrière
« de ce passage, qui s'était absentée pour les
« besoins de son ménage, s'aperçut, lorsqu'il
« vit arriver le train n° 72, que les bar-
« rières du passage à niveau étaient ouver-
« tes. Il se précipita pour les fermer, en
« commençant par celles du côté montant ;
« une fois celles-ci fermées, il voulut fran-
« chir les voies devant le train pour fermer
« celles du côté descendant, mais il n'en eut
« pas le temps, et fut atteint par la traverse
« d'avant de la machine.

« Le train s'est arrêté, et la femme
« L... revenant au même instant, put
« aider à relever son mari qui était sans
« connaissance et qu'on transporta dans la
« maisonnette.

« Après un arrêt de quatorze minutes le
« train s'est remis en marche à midi qua-
« rante-trois.

« On courut à la gare de... pour passer
« une dépêche à la gare de... afin de de-
« mander le docteur Guillevic, médecin de
« la Compagnie, mais on apprit que le
« docteur Lucas, de Montfort, était en
« tournée dans ces parages; on le trouva
« en effet, et il vint de suite.

« Me trouvant en tournée sur la ligne, j'ai
« pu arriver à deux heures, près du blessé
« où j'ai trouvé le docteur Lucas qui lui
« prodiguait ses soins, et qui m'a déclaré
« que L... avait des lésions internes qui
« devaient entraîner la mort.

« L... a deux enfants de trois ans et demi
« et deux mois.

« Le Chef de section,

« Signé: X... »

« P. S.—J'apprends en terminant ce rap-
« port que L..., est mort à quatre heures.»

Nous nous permettrons quelques commentaires destinés à éclairer cette doulou-
reuse situation, et à bien mettre en lumière
les causes morales de l'accident.

Comme nous l'avons dit, la plupart des

poseurs mariés sont logés dans des maisonnettes situées à proximité des passages à niveau. Les femmes des agents sont chargées d'assurer le service des barrières qui, sur les routes fréquentées, doivent toujours être gardées à vue.

Mme L... s'étant absentée était coupable de négligence et eût été sûrement punie, car les agents du train n'eussent pas manqué de signaler le fait de l'ouverture des barrières au moment de son passage. Voulant éviter une amende, son mari s'est précipité pour fermer l'accès de la voie.

Notons que le rapport ne fait mention d'aucun danger immédiat, et que par conséquent il ne se trouvait au passage ni voitures ni piétons.

L... a donc payé de sa vie un sentiment exagéré du devoir, un scrupule de conscience, il a été victime de la terreur que lui inspirait une discipline étroite et de la crainte de voir une retenue minime, diminuer les ressources de la maison. C'est pour économiser 1 franc, peut-être 50 centimes qu'il a laissé sans ressources une veuve et deux orphelins en bas âge.

Quoique avertie, la Compagnie ne s'est pas autrement préoccupée de la veuve et des enfants.

Quinze jours après l'accident du 13 août, la malheureuse femme se décide à implorer un secours. Sa lettre est datée du 28 août.

« *A Monsieur le Directeur de la Compagnie de...*

« La nommée R... (Maria - Désirée),
« veuve de L... (Charles-Augustin), occu-
« pant comme garde-barrière la maison-
« nette n°..., sur la ligne de..., a l'honneur
« de vous exposer que son mari faisant
« partie de l'équipe 5, a été tué, le 13 août
« 1886 dans l'exercice de ses attributions,
« qu'elle est restée veuve avec deux jeunes
« enfants âgés l'un de trois ans, l'autre de
« deux mois et demi.

« Elle vient en conséquence, monsieur
« le Directeur, vous supplier d'avoir la
« bonté de lui faire obtenir un secours,
« qui puisse lui permettre de donner les

« soins nécessaires à ses deux pauvres
« enfants.

« Elle a l'honneur d'être, etc.

« *Signé :* Vve L... »

« Les soussignés, maire de la commune
« de...; L..., conseiller général, et F...,
« conseiller d'arrondissement du canton
« de..., prient monsieur le Directeur de
« la Compagnie de... de vouloir bien
« prendre en considération la demande ci-
« dessus, la demanderesse étant digne
« du plus grand intérêt.

« Le Maire de L...,

« *Signé :* (Illisible.) »

« L...,   « F...,
« Conseiller général. » « Conseiller d'arrondissement. »

« Le général L..., sénateur, a l'hon-
« neur d'appeler toute la bienveillance de
« monsieur le Directeur de la Compa-
« gnie des chemins de fer de... sur la
« demande ci-dessus.

« *Signé :* Général L... »

Au reçu de cette lettre apostillée comme elle l'est, la Compagnie va probablement s'empresser de secourir Mme L...? Erreur. Le témoignage et la recommandation d'un maire, d'un conseiller général, d'un conseiller d'arrondissement et d'un général sénateur ne lui suffisent point. Pour un peu, malgré le rapport spécial du chef de section, elle en arriverait à douter de la mort du poseur L...

Il lui faut donc de nouveaux renseignements. Elle les demande à son ingénieur divisionnaire, à la date du 21 septembre, c'est-à-dire vingt-quatre jours après avoir reçu la demande. Au bout de neuf jours, celui-ci répond :

N°   « 30 septembre 1886.

OBJET

Retour de la demande
de secours de Mme L...

« Monsieur l'Ingénieur en chef,

« J'ai l'honneur de vous retourner la de-
« mande ci-jointe que vous m'avez commu-
« niquée le 21 septembre, sous le n°... pour
« renseignements et avis, et par laquelle

« Mme L..., N° M^le 475..., garde-barrière
« au passage à niveau n°..., 5e district,
« 2e section, sollicite un secours de la Com-
« pagnie. Il résulte des renseignements
« qui me sont fournis par M. X..., chef de
« section, que Mme L..., veuve du poseur
« de ce nom, N° M^le 437..., tué par le train
« n° 72, le 13 août dernier, au passage à
« niveau... dans les circonstances mention-
« nées par le rapport spécial qui vous a été
« adressé à ce sujet à la date du 13 août
« 1886, se trouve dans une position *très*
« *précaire*. Cette femme jouit d'une très
« bonne considération, elle a, comme elle
« le déclare dans sa demande, deux enfants
« en bas âge, et n'a d'autres moyens d'exis-
« tence que son travail manuel pour
« vivre.

« Dans ces conditions, je suis d'avis
« qu'une suite favorable soit donnée à la
« demande de Mme L..., et je viens, en
« conséquence, vous prier de vouloir bien
« lui faire accorder un secours qui pour-
« rait être fixé à la somme de 500 francs, pour
« lui permettre de subvenir aux besoins de

« ses enfants, en attendant qu'elle ait pu
« se créer une situation.

« Veuillez, etc.

« L'Ingénieur, chef de la N... division,
« *Signé :* X... »

Renseigné enfin, l'ingénieur en chef adresse au Directeur de la Compagnie, à la date du 8 octobre, le rapport ci-dessous, concluant à l'allocation du secours demandé.

Nº   « Paris, le 8 octobre 188...

OBJET
Demande de secours
en faveur de Mᵐᵉ L...
veuve du poseur, tué
par un train.

« Par lettre ci-jointe que monsieur le
« Directeur a bien voulu me communiquer,
« Mᵐᵉ veuve L... expose la malheureuse
« situation dans laquelle elle se trouve par
« suite de la mort de son mari, et sollicite
« un secours de la bienveillance de notre
« Compagnie. Cette demande est apostillée
« par M. le général L..., sénateur ; M. L...,
« conseiller général, et M. F..., conseiller
« d'arrondissement.

« Le sieur L..., N° M^le 437..., était poseur
« à l'équipe n°... de la ligne de..., près la
« gare de... Il a été tué le 13 août dernier
« par un train, dans les circonstances sui-
« vantes : Il remplaçait sa femme, garde-
« barrière au passage à niveau n°..., ab-
« sente momentanément pour les besoins
« du ménage. Au moment du passage du
« train n° 72, il s'est aperçu que les bar-
« rières étaient ouvertes, et c'est en vou-
« lant traverser les voies pour les fermer
« qu'il a été atteint par la machine.

« Le sieur L... était entré à la Compa-
« gnie le 15 septembre 188... et avait été
« commissionné le 1er mai 188... Il ne comp-
« tait par conséquent que quatre années de
« service. Il était âgé de trente ans.

« D'après les renseignements qui me
« sont fournis par M. X..., ingénieur en
« chef de la N... division, le sieur L... fai-
« sait un service satisfaisant.

« Sa femme, qui a été obligée d'aban-
« donner la maison de garde où elle était
« logée gratuitement, reste sans ressources
« avec la charge de deux enfants en bas âge

« (trois ans et demi et quatre mois). Cette
« femme jouit d'une très bonne considéra-
« tion dans le pays et mérite qu'on s'inté-
« resse à elle.

« La situation réellement digne d'intérêt
« de Mme L..., ainsi que les douloureuses
« circonstances dans lesquelles son mari a
« trouvé la mort, me paraissant de nature
« à être prises en considération, j'ai l'hon-
« neur de proposer à monsieur le Direc-
« teur d'accorder à cette veuve un secours
« de 500 francs.

« Toutefois, ce secours ne serait mis à
« la disposition de Mme veuve L... qu'au-
« tant qu'elle prendrait l'engagement de
« n'élever aucune revendication ultérieure
« en raison de l'accident arrivé à son mari.

« L'Ingénieur en chef,

« *Signé :* X... »

On se trompe étrangement si l'on se
figure que l'on va payer enfin le secours
demandé. On sait que la veuve est digne
d'intérêt, qu'elle a deux enfants en bas âge,
qu'elle et les siens sont dans la misère,

sans logement peut-être, obligés qu'ils ont été de quitter la maison qu'ils occupaient gratuitement, grâce à l'emploi du chef de famille.

Mme L... ne soulève aucune objection. Elle est prête à tout ce qu'on lui demandera pourvu qu'on l'aide à se tirer du besoin. Mais ce n'est pas tout.

Il faut que la note ci-dessus soit approuvée par le Directeur de la Compagnie, qui la soumettra à l'approbation du Conseil. Les administrateurs se prononcent six jours après (14 octobre). Ils approuvent. Le 16 octobre, on avise de l'allocation du secours le service divisionnaire en lui réclamant les pièces nécessaires au payement.

Dix jours après, la division se décide à adresser les pièces demandées.

« 26 octobre 188...

« Monsieur l'Ingénieur en chef,

« J'ai l'honneur de vous adresser ci-joint,
« renfermé dans un bordereau, un certifi-
« cat pour faire payer à la veuve du sieur
« L..., poseur à l'équipe 5, 2e district,

« 3ᵉ section de ma division, tué par un train
« le 13 août dernier, le secours de 500 francs,
« qui lui a été accordé par décision du Con-
« seil d'administration en date du 14 oc-
« tobre courant, ainsi que vous me l'avez
« fait connaître par votre lettre en date du
« 16 octobre 1886.

« J'ai donné à qui de droit les instructions
« relatives à la signature de la quittance,
« et je vous aviserai ultérieurement de la
« date à laquelle le payement aura été
« effectué.

« Veuillez agréer, etc. »

En effet, par lettre en date du 13 dé-
cembre, l'ingénieur divisionnaire informe
le service central que le payement a été
effectué :

« Monsieur l'Ingénieur en chef,

« J'ai l'honneur de vous informer que
« Mᵐᵉ L..., veuve du poseur de ce nom,
« tué par un train le 13 août dernier, a tou-
« ché le 5 novembre dernier, à la gare de...
« le secours de 500 francs qui lui a été

« alloué par décision du Conseil en date
« du 16 octobre 1886.

« Veuillez agréer, etc. »

La malheureuse femme a donc attendu
près de trois mois. La bienveillante Compagnie, la paternelle administration l'a
pendant cette longue période vouée de
gaieté de cœur à la misère. Elle a imposé à
une veuve et à deux enfants, dont le père
a été tué à son service, toutes les angoisses
du besoin, de l'incertitude du lendemain.

Encore le cas qui nous occupe est tout à
fait ordinaire. Aucune réclamation, aucune
discussion n'a été soulevée. Qu'eût-ce été
alors? Nous l'allons voir.

CHEMIN DE FER DE...

Dépêche télégraphique.

« Poste expéditeur. — Sous-chef de section. —
« Poste réceptionnaire. — Ingénieur en chef de la
« voie. — Garde stationnaire L..., du poste nº 8, a
« été tué par train 116. »

(Signature.)

Nº 95
Garde-signaux L...
  tué sur la voie au
  kil. 18.350 par le
  train 116 marchant
  à contre-voie par
  suite d'un déraille-
  ment en gare de...

Rapport spécial.

« X..., 14 janvier 1882.

« Hier, 13 du courant, vers sept heures
« cinq du soir, le sieur L...(Joseph-Julien),
« Nº Mˡᵉ 10..., garde-signaux au poste de
« cantonnement nº 8, kil. 10, venait de
« terminer son service de jour et suivait
« la voie descendante pour se rendre à
« X... où il habite, obéissant en cela aux
« prescriptions qui commandent aux agents
« circulant sur la voie de toujours prendre
« leur droite, lorsque vers le kil. 18.350 il
« fut atteint et tué par la machine du train
« montant nº 116, le premier train mar-
« chant à contre-voie par suite du déraille-
« ment encombrant la voie montante à...

« Le mécanicien du train 116 en passant
« à... avertit un agent de la gare qu'il

« lui semblait avoir heurté un objet sur la
« voie vers le signal avancé de... Des
« agents se rendirent sur les lieux indiqués
« et ne trouvèrent rien.

« Bien plus tard dans la nuit, la femme
« L..., inquiète de l'absence de son mari, se
« présenta à la gare pour en demander
« des nouvelles.

« Craignant ce qui est arrivé, quelques
« agents se rendirent vers le poste n° 8, et au
« kil. 18.350 ils trouvèrent sur la voie des-
« cendante le corps horriblement mutilé,
« broyé, du malheureux agent.

« Le garde L... était né le 7 décem-
« bre 1847, et était par conséquent âgé de
« trente-quatre ans.

« Il me reste à indiquer la cause de l'ac-
« cident, et je n'ai pour cela que quelques
« mots à ajouter.

« Le garde L... ignorait que le service
« se faisait sur la voie descendante par suite
« du déraillement du train 600 à... et le
« train 116 était le premier à marcher à
« contre-voie. Il est donc presque certain
« qu'il aura entendu le train derrière lui,

« mais qu'il sera resté avec la certitude
« qu'il venait sur la voie montante. Le
« sieur L... n'avait pas, malgré la nuit, de
« signal à main pour se conduire; le poste
« n'en possédait qu'un.

« Le Chef de section,

« Signé : X... »

Dans le cas qui nous occupe, la responsabilité de la Compagnie paraît absolument
engagée. Il ne peut être question d'imprudence de la part de la victime, bien au contraire. Le chef de section constate dans son
rapport que L... se conformait, pour rega-
gner son domicile, aux prescriptions réglementaires. Il mentionne même cette circonstance aggravante pour l'Administration
que « *le sieur L... n'avait pas, malgré la
nuit, de signal à main pour se conduire;
le poste n'en possédait qu'un* ». D'autre
part, le train qui a tué le malheureux mar-
chait à contre voie par suite d'un déraillement. L'agent n'avait pas été prévenu de
ce déraillement et ignorait absolument que
la marche des trains était modifiée alors

que pour l'accomplissement de ses fonctions
de garde-signaux il devait être un des premiers avertis, la circulation anormale
momentanément établie, pouvant provo-
quer dans le service les plus graves désor-
dres. La Compagnie est donc doublement
en faute : au point de vue de la sécurité
générale, et au point de vue de la sécurité
de ses agents que l'observation stricte des
règlements expose à périr.

La Compagnie sait tout cela. Aussi, ne
donne-t-elle pas plus signe de vie que le
pauvre homme que son incurie vient de
tuer. Silencieuse, elle attend les réclamations de la veuve, qui ne peuvent manquer
de se produire.

Elle ne s'inquiète pas de la situation
faite à la femme ; peu lui importe qu'elle
soit précaire, misérable même, ce qui la
préoccupe c'est son intérêt compromis par
le flagrant délit dans lequel elle se trouve
prise.

Aussi feint-elle d'ignorer même l'accident, et, fidèle à sa tactique, elle évite de
s'engager en offrant de réparer dans la

mesure du possible, la catastrophe qui vient de s'abattre sur le ménage.

Enfin, après un mois de la plus cruelle incertitude la veuve se décide à faire connaître ses prétentions.

A la date du 14 février, Mme L... demande qu'on veuille bien lui accorder une pension viagère, égale à la moitié du traitement que touchait le défunt.

L'ingénieur divisionnaire consulté, répond que la demanderesse n'a droit à aucune pension; mais il est d'avis qu'un secours soit accordé.

« 24 février 1882.

« *Monsieur l'Ingénieur en chef du service, Paris.*

« En réponse à votre communication
« marginale n° 19... du 10 février courant,
« j'ai l'honneur de vous retourner ci-
« annexée la demande de pension adressée
« à M. le Directeur par Mme L..., veuve
« du garde-signaux de ce nom, tué sur
« la voie au kil. 18.350 de la ligne, le
« 13 janvier dernier. L... était un bon
« agent, d'une excellente conduite. Il ré-

7

« sulte des renseignements qui me sont
« fournis à son sujet, qu'il venait en aide à
« ses vieux parents dans la mesure de ses
« moyens.

« Cet agent n'avait que trois ans et
« cinq mois de présence à la Compagnie au
« moment de son décès.

« Il n'avait par suite aucun droit acquis
« au réglement de sa retraite, et sa veuve
« ne peut prétendre à une pension annuelle
« résultant de la partie réversible de cette
« retraite.

« L'Ingénieur en chef de la... division,

« Signé : Y... »

Cette dernière phrase qui résume toute
l'affaire est un chef-d'œuvre d'hypocrisie.
La veuve sait bien, certes, qu'elle n'a pas
droit au bout de trois ans à une réversibi-
lité de pension que les règlements n'ac-
cordent qu'après un minimum de services
fixé à quinze ans. La Compagnie sait bien ce
que la veuve demande, et ne pourrait se
dérober si les droits de la femme étaient
acquis. Or ici, elle se dérobe en tournant
la question, et en appliquant son règlement

général à un cas qui n'en relève pas. Elle s'est persuadée, comme tout bon menteur, quoiqu'elle soit convaincue du contraire, que son règlement s'oppose à ce qu'elle paye une pension, et elle en profite pour proposer tout le contraire de ce que demande la veuve, c'est-à-dire un secours une fois donné, moyennant désistement bien entendu. C'est ce qui ressort de la conclusion de la communication de l'ingénieur divisionnaire : « Toutefois, comme le décès de son « mari l'a brusquement placée dans une « situation très précaire, attendu qu'elle « est restée seule et sans ressources, je suis « d'avis qu'il y a lieu de prendre en consi « dération sa demande et de lui accorder « un secours. »

On fait donc à Mme L... une proposition inacceptable qui va la forcer à plaider, car, forte de son droit elle maintiendra ses prétentions.

La Compagnie après avoir fait preuve de bonne volonté, mais se sachant dans son tort, aime mieux risquer un procès.

Elle peut le gagner, et si elle le perd, le

jugement ne fera jamais que correspondre aux conclusions du demandeur. Il y a donc tout avantage et tout intérêt.

Pendant ce temps, Mme L... reste toujours sans nouvelles officielles. A la date du 1er mars, elle rappelle sa demande de pension en termes pressants. On ne répond pas. Mais à la date du 4 du même mois, un secours de 500 francs est alloué par le Conseil. On sait que la veuve ne l'acceptera pas, mais cette charité faite d'office peut la compromettre quelque peu aux yeux du tribunal, qui ne peut manquer de tenir compte de la générosité spontanée de la Compagnie.

Le 20 mars, l'ingénieur divisionnaire est avisé de l'allocation du secours. Comme d'usage, on le prie d'établir toutes les pièces nécessaires au payement, en insistant sur la signature du désistement. Le 29 du même mois, l'ingénieur fait part du refus de la veuve de signer. C'est ce qu'on attendait.

« Monsieur l'Ingénieur en chef,

« En réponse à votre lettre du 20 mars

« courant, relative à l'allocation d'un
« secours de 500 francs à Mme L..., j'ai
« l'honneur de vous faire connaître que cette
« dame refuse ce secours qu'elle trouve
« insuffisant, et ne veut signer aucun acte
« de désistement.

« M. X..., chef de section, qui a vu
« Mme L..., m'annonce qu'elle lui a formel-
« lement déclaré qu'elle n'accepterait pas
« moins d'une rente égale à la moitié du
« traitement de son mari, ou un capital
« équivalent.

« Dans ces conditions, je n'ai pas cru
« devoir vous adresser les pièces que vous
« m'aviez réclamées pour le payement du
« secours dont il s'agit.

« L'Ingénieur chef de la N... division,

« *Signé :* Y... »

La comédie jouée par la Compagnie
continue alors à se développer. On ne s'inquiète plus de la veuve mais du procès en
perspective, et on avoue, comme on va le
voir par la pièce ci dessous, que la responsabilité de la Compagnie est engagée.

« Monsieur l'Ingénieur chef de la... division, à...

« Paris, 30 mars 1882.

« Le rapport spécial de M. A... du
« 14 janvier dernier, dit : Hier, 13 courant,
« vers sept heures cinq du soir, le sieur
« L... (Joseph-Julien), Nº Mˡᵉ 30..., garde-
« signaux au poste de cantonnement nº...,
« kil. 19..., venait de terminer son service
« de jour, et suivait la voie descendante
« pour se rendre à M... où il habite. » (Tout
ce passage est souligné pour bien faire
comprendre à l'agent correspondant que
c'est là le point principal de l'affaire, point
sur lequel on va ergoter, comme le prouve
la suite.)

« M. l'ingénieur en chef me charge de
« vous demander si le sieur L... en quittant
« son service était obligé de suivre la
« voie pour s'en aller chez lui, ou s'il pou-
« vait s'en dispenser.

« Le Chef du service du personnel,

« *Signé :* Y... »

S'il y a un chemin autre que la voie, on
établira, malgré le rapport spécial consta-

tant que L… a observé toutes les prescriptions réglementaires — prescriptions indiquant implicitement que les agents peuvent
suivre la voie — on établira, disons-nous,
que le malheureux était dans son tort, et
qu'il devait prendre le chemin indiqué. Du
déraillement, cause de la catastrophe, il
n'est pas question.

Le 3 avril (on se presse) l'ingénieur
divisionnaire répond :

« Monsieur l'Ingénieur en chef du service, Paris.

« 3 avril 1882.

« Monsieur l'Ingénieur en chef,

« J'ai l'honneur de vous retourner la
« présente communication et de vous
« informer que le poste de cantonnement
« n°…, où L… était occupé, est en pleine
« voie au kil. 19… de la ligne de… à…,
« entre… et… et qu'il n'y a aucun chemin
« latéral dans la forêt de Saint-Germain,
« par lequel nos agents pourraient éviter de
« circuler sur la voie pour se rendre à leur
« poste, et ils ne pourraient en sortir qu'en

« escaladant les clôtures. Il est donc impos-
« sible de prendre une autre route pour se
« rendre à la gare de... où le garde doit
« déposer son rapport journalier.

« L... a donc fait ce que font tous les
« gardes dont les postes sont en pleine
« voie, pour se rendre à leur domicile, en
« passant par la gare où ils doivent re-
« mettre leur rapport.

« L'Ingénieur chef de la division,

« *Signé :* X... »

Si cette communication peu rassurante
eût figuré au dossier de l'avocat de la
demanderesse, nul doute que la Compagnie
n'eût été condamnée. Aussi se décide-t-on
à interrompre l'affaire. Ignorante de ce qui
se passe, la veuve attend toujours. A bout
de patience enfin, elle écrit de nouveau. Il
y a quatre mois que l'accident s'est produit.

Nous ne changerons pas un mot à cette
lettre, nous en respecterons même l'ortho-
graphe :

« X..., 1er mai 1882.

« Meusieu lingénieur.

« Je vous prie de m'escuser si je mes
« permès de vous écrire, mais voyent que
« je nais pas de réponse au sujet d'une
« aindemnités que réclamer à la Compa-
« gnie, je vous pri Mensieu d'être assez
« bons pour me donner une réponse à seule
« fin que je sache à quoi mantenir, je
« croyais pourtans vu que mon marie étais
« mort toutafais de las faute des las com-
« pagnie, que l'on devais avoir plus degard
« pour ceus qui reste après lui depuis bien-
« tau quatre moi que le maleur ma fraper,
« c'est mesieurt ont u pourtant le tan de
« réfléchir je vous prie donc meusieu des
« mes donner une réponse définitife le
« plutaus possible ou bien j'irai trouver
« un homme de loi qui agira à ma plase je
« ne voulais pourtant pas en venir las
« mais je veus pas nons plus que las mort

« de mon mari reste oublier. Je fini meusieu
« en vous présentan mais respect.

« MARIE, JEANNE, LOUISSE L... veuve
de JOSEPH JULIEN L...

« Garde-signaux au poste n°.., à...

« *Signé :* Veuve L... »

En présence de cette lettre, que va faire
la Compagnie ? Va-t-elle enfin s'occuper
de la veuve qui, certes, ne demanderait pas
mieux que d'accepter une transaction, mais
qui, induite en erreur par le sentiment
trop élevé qu'elle a de la justice, croit
devoir prononcer comme un épouvantail
ce mot pour elle terrible, mais très inof-
fensif pour la puissante administration :
homme de loi.

La loi produit sur le peuple toujours
exploité un effet saisissant. On lui en a tant
parlé, on la lui a tant vantée, qu'il se figure
naïvement trouver protection immédiate
sous ce fictif boucher. Mme L... ne fait pas
autre chose. Elle est persuadée que devant
la menace de l'homme de loi la Compagnie

va s'adoucir, ou tout au moins lui répondre. Elle a le temps d'attendre.

De nouveau on communique sa lettre à l'ingénieur divisionnaire et de nouveau, onze jours après, celui-ci adresse sa réponse, maintenant ses premières conclusions et confirmant le refus de Mme L... de toucher le secours, et de signer le désistement. En présence de cette attitude, on se décide enfin à informer le Directeur par une note spéciale. Il faut en finir.

N° 72...   « Paris, 22 mai 1882.

OBJET

Avis que Mme L... ne trouve pas suffisant le secours qui lui a été accordé.

« J'ai l'honneur de retourner à monsieur
« le Directeur la lettre ci-jointe, par laquelle
« Mme veuve L... sollicite une indemnité
« de la Compagnie, à raison du décès de
« son mari, garde-signaux de ce nom,
« N° M^le 30..., tué par un train dans la nuit
« du 13 au 14 janvier dernier.
« Dans sa séance du 8 mars 1882, le

« Conseil de notre Compagnie a bien voulu,
« ainsi que je l'ai proposé à monsieur le
« Directeur par ma note du 4 mars dernier,
« accorder à Mme veuve L... un secours de
« 500 francs ; mais M. X..., ingénieur de
« mon service, m'a fait connaître que cette
« femme a refusé de toucher ce secours,
« en déclarant formellement qu'elle n'ac-
« cepterait pas moins d'une rente égale à
« la moitié du traitement qu'avait son
« mari, ou un capital équivalent.

« En présence de ce refus catégorique
« de Mme veuve L... d'accepter le secours
« qui lui a été offert, il ne me reste plus, je
« pense, d'autres propositions à faire en sa
« faveur.

« L'Ingénieur en chef,

« *Signé* : Y... »

On sollicite cette fois l'intervention du
Directeur de la Compagnie. L'autorité de
ce redoutable personnage aura peut-être
raison de cette résistance obstinée.

A la date du 3 juin, c'est-à-dire après lui
avoir fait attendre deux mois une réponse,

et cinq mois après l'accident, ce grand chef
des exploiteurs écrit à la veuve :

« Madame,

« Par lettre du 1er mai dernier, vous sol-
« licitez de nouveau un secours.

« Le service de la voie consulté ne voit
« pas la possibilité de proposer en votre
« faveur, un autre secours que celui de
« 500 francs qui vous a été offert et que
« vous avez cru devoir refuser. Nous ne
« pouvons qu'adopter cet avis.

« Le Directeur de la Compagnie,

« Signé : X... »

Cette lettre, d'un effrayant laconisme,
est tout un poème.

Pour nos lecteurs, qui ne comprennent
pas les beautés du style administratif, nous
allons la refaire :

« Madame,

« Est-il possible que vous osiez refuser le
« secours que la bienveillante Compagnie
« vous accorde après avoir tué votre mari.

« Vous ne comprenez rien aux profonds
« sentiments d'humanité dont nous sommes
« animés à l'égard de nos agents. Non
« seulement vous êtes une ignorante, mais
« vous êtes une ingrate qui méconnaissez
« les services que l'on vous rend. Nous
« vous avons tué votre mari. C'est vrai.
« Mais nous vous offrons en compensation
« *cinq cents francs.*

« Avec *cinq cents francs*, on mange,
« Madame. Au lieu de vous nourrir d'un
« ognon cru et d'un morceau de pain, vous
« pourrez ajouter un peu de viande à ce
« menu, sommaire il est vrai, mais dont se
« contentent cependant, ainsi que leurs
« familles, beaucoup de nos agents qui
« n'ont pas la chance de se faire écraser.

« Bénissez donc, Madame! Bénissez le
« jour où la mort bienfaisante s'est abattue
« sur votre mari, puisque cela vous procure
« une fortune que nous nous empressons de
« mettre à votre disposition.

« Vous la trouvez trop minime, et vous
« estimez beaucoup trop cher la peau de
« votre mari qui n'était ni ingénieur, ni

« député, ni ministre, ni notable, ni rentier,
« mais un simple garde-signaux, un homme
« du peuple, un ouvrier dont la mort ne
« peut en rien porter préjudice à la société.
« Mieux que vous, nous savons ce que
« vaut la vie des gens. En la circonstance,
« nous l'estimons à *cinq cents francs*, per-
« suadés qu'elle est bien payée et que vos
« besoins modestes ne vont pas au delà.
« Nous ne pouvons donc faire davantage en
« votre faveur, mais nous espérons toutefois,
« que, plus soucieuse de vos intérêts, vous
« consentirez à ce que nous exigeons de vous.
« Les *cinq cents francs* sont toujours à
« votre disposition. Mais comme malgré
« votre misère vous nous paraissez légère-
« ment récalcitrante — ce qui est mal — ils
« ne vous seront versés que contre un reçu
« contenant de votre part désistement de
« toute réclamation ultérieure. De cette fa-
« çon, nous serons tranquilles et vous aussi.
« Veuillez agréer, etc.

« *Signé :* X... »

La veuve ne se laisse point persuader.
Pour elle, et c'est aussi notre avis, la peau

de son mari vaut au moins autant que celle d'un ingénieur ou autre personnalité dite de marque.

Pleine de confiance en la justice, elle intente un procès et assigne la Compagnie à comparaître devant le tribunal correctionnel de la Seine. Nous ignorons ce qui s'est passé à l'audience, nous ignorons si l'enquête avait mis à jour l'écrasant rapport spécial du chef de section.

Toujours est-il que le 30 janvier 1883, la vérité du proverbe :

La raison du plus fort est toujours la meilleure

se trouvait confirmée.

La pauvresse, après douze mois de misère, était déboutée de sa demande et condamnée aux dépens.

Il ne lui restait plus qu'une ressource : à faire appel à la pitié de la Compagnie et demander le secours qu'elle avait eu l'audace de refuser.

Craintive, humble, repentante, elle n'ose elle-même formuler sa supplique, car il pourrait se faire qu'en punition du crime d'avoir plaidé, on lui opposât un refus.

C'est un député des Côtes-du-Nord, un de ses compatriotes, qui l'a demandé pour elle. Il va sans dire qu'elle a signé tout ce qu'on lui a présenté, mais qu'elle a remercié avec effusion.

La veuve L... n'est pas seule dans son cas. Voici un autre exemple plus lamentable encore.

Avant d'aborder le développement de cette nouvelle affaire, nous donnerons quelques explications nécessaires.

Dans le cas qui nous occupe, la victime n'est pas tuée brutalement par un train. Elle est blessée en service et meurt des suites de sa blessure.

Le sieur Q..., occupé à son travail quotidien, est atteint par un rail qui lui tombe sur le pied et écrase l'orteil.

Le médecin de la Compagnie reconnaît à la blessure une gravité telle qu'il ordonne un repos de deux mois, mais après trente jours de maladie, Q... succombe à une attaque de tétanos.

Sa femme a trois enfants en bas âge (le

plus âgé n'a pas six ans), seule et sans ressources, elle doit subvenir désormais aux besoins de la famille. Elle se croit donc en droit de réclamer une indemnité à la Compagnie qui devrait, semble-t-il, assurer pour un moment du moins l'avenir des enfants. Mais elle n'en fait rien.

Comme dans le cas précédent, comme toujours, l'Administration imputera à l'imprudence de son agent, l'accident mortel dont il a été victime. Elle profitera, d'autre part, de ce qu'elle a payé cet agent un mois durant à solde entière, et de ce que sa mort n'a pas été la mort horrible d'un homme surpris et broyé par un train pour réduire son offre de secours.

Après ces quelques réflexions, revenons à l'affaire.

« Paris, 28 avril 1886.

Extrait d'un rapport du sous-chef de section G..., du 27 courant :

« Le 27 courant, à trois heures du soir, « le poseur Q..., équipe 37, occupé à poser « une traverse spéciale pour le change-

« ment 47-49, voie du dépôt, gare de…, a
« eu le gros orteil du pied gauche écrasé
« par cette traverse qui lui avait échappé
« des mains.

« Le médecin de la Compagnie a donné
« des soins à cet agent, et lui a ordonné un
« repos de deux mois. »

Agent décédé des suites de ses blessures.

                              « 21 mai 1886.

« Le 27 avril, à trois heures trente du soir,
« le poseur Q…, occupé à la pose d'une tra-
« verse spéciale, etc… (Rapport ci-dessus.)

. . . .

« Cet agent est mort du tétanos le 21
courant, à deux heures du soir.

              « L'Ingénieur chef de la… division,
                    « *Signé :* X… »

La Compagnie sait donc qu'il y a une
veuve et trois enfants dans la misère, mais
elle ne s'en soucie pas. Elle attend, la veuve
aussi. Au bout d'un mois, Mme Q… écrit :

« 12 juin 1886.

« Monsieur le Directeur,

« Etant restée veuve avec trois enfants,
« dont l'aîné n'a encore que cinq ans, à la
« suite du décès de mon mari blessé en
« service le 27 avril dernier, je viens solli-
« citer de votre bienveillance un secours
« qui me permette d'élever mes enfants,
« n'ayant actuellement aucun secours et
« me trouvant dans le plus pressant besoin.

« Daignez, monsieur le Directeur, ac-
« cepter l'hommage de mes sentiments les
« plus respectueux et mes remerciements
« les plus sincères.

« *Signé :* Vve Q... »

Cette lettre, très pressante, indique assez
combien est malheureuse la situation de
Mme Q... Quoique cela la Compagnie reste
ou feint de rester indifférente. Toutefois
elle demande des renseignements à son ingénieur divisionnaire. Celui-ci va donc faire
une enquête sur la veuve, la voir elle-
même. Il lui expliquera que la Compagnie
n'est nullement tenue de lui accorder le

secours qu'elle demande, toutes choses qui doivent amener la veuve à accepter les propositions qui lui seront faites. Six jours après il adresse sa réponse :

« 18 juin 1886.

« Monsieur l'Ingénieur en chef,

« J'ai l'honneur de vous retourner ci-
« joint une demande de secours présentée
« par Mme Q..., veuve du poseur dont je
« vous ai fait connaître le décès par ma
« lettre du 25 mai dernier.

« Il résulte des renseignements qui me
« sont fournis, que Mme veuve Q... se trouve
« actuellement dans une situation très
« précaire, car elle reste sans ressources
« avec trois enfants, dont l'aîné n'a encore
« que cinq ans et trois mois. Cette femme
« est, par suite, très digne d'intérêts.

« Le poseur Q... était un très bon ouvrier
« sous tous les rapports, et, en raison de
« l'accident qui lui est survenu en service
« et qui a occasionné sa mort, et en consi-
« dération de la position malheureuse de

« sa veuve, je suis d'avis d'accorder à
« Mme veuve Q... un secours de 500 francs.

« L'Ingénieur de la... division,

« *Signé* : X... »

Douze jours après, le service intéressé fait une proposition et adresse une note au Directeur.

La famille doit avoir assez faim pour accepter ce qu'on lui offrira.

« 1er juillet 1886.

« Mme Q..., veuve du poseur de ce nom,
« a sollicité un secours de notre Compa-
« gnie. Le sieur Q... avait été blessé au
« gros orteil du pied gauche, par une tra-
« verse qui lui avait échappé des mains.
« Cet accident était survenu le 27 avril
« dernier.

« La blessure s'étant compliquée d'une
« attaque de tétanos, le sieur Q... est décédé
« le 21 mai 1886.

« M. X..., ingénieur, m'informe que
« Mme Q... reste sans aucune ressources,

« avec la charge de trois enfants, dont l'aîné
« n'a que cinq ans. En raison de la blessure
« reçue en service par le sieur Q..., et
« de la position nécessiteuse dans laquelle
« se trouve sa veuve, j'ai l'honneur de pro-
« poser à M. le Directeur d'accorder à cette
« dernière, à titre de pure bienveillance, un
« secours de 300 francs, mais à la condition,
« toutefois, qu'elle renoncera à toute reven-
« dication ultérieure à l'égard de notre
« Compagnie.

« L'Ingénieur en chef,

« Signé : X... »

Comme on le voit, l'Administration profite de ce que le sieur Q... n'est par mort
tué par un train, pour réduire de 200 francs
le chiffre proposé par son ingénieur divisionnaire. Pour la rapace Compagnie,
malgré trois enfants en bas âge la situation
de la veuve ne présente plus le même intérêt. Il n'est guère possible de qualifier
une pareille attitude. Pour oser insulter de
pareille façon les misères qu'elles ont
créées, il faut aux Compagnies toute l'au-

dace que leur donne leur puissance, toute la pression esclavagiste qu'elles exercent impunément sur leurs agents.

Mme Q... ne peut cependant attendre plus longtemps. Elle est à bout de ressources, et rien ne lui fait espérer la prompte solution de sa demande de secours. C'est alors qu'elle pense à réclamer la solde de son mari jusqu'au jour où il a été blessé. Depuis trois mois qu'elle doit ce salaire, c'est-à-dire depuis le 27 avril, la Compagnie ne l'a pas encore payé.

Toutefois, la veuve craint que cette réclamation fort juste cependant ne soit prise en mauvaise part si elle la présente elle-même, et elle fait intervenir l'influence religieuse pour obtenir le payement de la somme.

C'est un membre de la conférence de Saint-Vincent-de-Paul, qui va se servir de l'intermédiaire d'un ancien député possédant à la Compagnie quelques relations, pour le prier d'obtenir le solde définitif de ce compte arriéré, comme l'atteste la correspondance ci-dessous :

« Monsieur X...

« Sur les conseils de notre vénéré prési-
« dent de la Conférence de Saint-Vincent-de-
« Paul, M. L..., je me suis présenté hier à
« votre pavillon, pour vous entretenir d'une
« œuvre de charité en faveur d'une excel-
« lente famille d'ouvriers, la veuve Q...,
« mère de trois petits enfants.

« Par suite du décès de son mari employé
« à la Compagnie de..., cette veuve se trouve
« sans aucune ressource pour vivre et pour
« élever ses trois petits enfants dont l'aîné
« n'est âgé que de cinq ans.

« J'ai recueilli auprès de cette femme
« quelques indications qui vous mettront
« de suite au courant de son affaire, et c'est
« pour hâter la solution d'une demande de
« secours, qu'elle a faite à la Compagnie, que
« nous venons vous prier de vouloir bien
« accorder votre protection, à cette hono-
« rable famille, près des membres de l'Ad-
« ministration, pour appuyer la demande.
« Je suis obligé de partir en voyage ce ma-
« tin, sans cela j'aurais été heureux de vous

« entretenir de vive voix des intérêts de
« cette pauvre veuve.

« J'ose espérer, Monsieur, que, malgré vos
« grandes occupations, vous voudrez bien
« nous aider à faire un peu de bien, et lui
« accorder l'appui de votre haute protec-
« tion.

« Dans cet espoir, etc.

« *Signé* : B. V... »

« **17** juillet 1886.

La personne influente se renseigne à son
tour, et voici ce qu'elle écrit le même jour :

« Monsieur le Directeur général,

« Je trouve en rentrant à... la lettre
« ci-jointe. Elle m'est adressée par l'un des
« plus honorables négociants de la ville et
« cependant, j'ai voulu m'assurer par une
« enquête personnelle, que la situation de la
« veuve Q... était réellement intéressante.

« J'ai eu les meilleurs renseignements
« sur cette malheureuse mère de famille,
« elle est à tous égards digne d'intérêts.

« Je viens donc vous prier de faire solder

« à cette femme les 50 francs, qu'elle croit lui
« être dus depuis la mort de son mari, sur-
« venue à la suite d'un accident dans l'exer-
« cice de son emploi. Le sieur Q... était
« homme d'équipe poseur de rails et une
« blessure à l'orteil a entraîné sa mort. Il a
« laissé trois enfants dont l'aîné a cinq ans.

« La veuve serait réduite à la mendicité,
« si la Compagnie ne lui accordait pas quel-
« que secours.

« Veuillez agréer, etc.

« Signé : X...
« Ancien député. »

« La veuve serait réduite à la mendicité »,
cette phrase en dit assez sur la situation de
Mme Q... Comment a-t-elle fait pour vivre
et nourrir ses enfants ? Honteuse, elle a
tendu la main probablement, alors qu'elle
n'osait réclamer de l'argent qu'on lui devait,
tant était grande sa crainte de se voir refuser un secours. En présence du dénûment
de ses petits, elle a fait abnégation de toute
fierté, de tout amour-propre. Elle a affronté
les refus des uns et imploré humblement

la charité dure quelquefois des autres. Elle a ajouté la torture matérielle à la torture morale.

La lettre de l'ancien député a cependant fait de l'effet. La Compagnie a craint peut-être de fâcheux commentaires sur la façon inhumaine dont elle traite ses agents. Le 4 août on répond :

« Monsieur,

« Vous avez bien voulu vous intéresser à « Mme Q..., veuve d'un poseur décédé le 22 « mai dernier, à la suite d'un accident arrivé « sur la voie, qui désirerait obtenir : 1° le « payement de la somme qui restait due à « son mari lors de son décès, et 2° un secours « de notre Compagnie.

« J'ai l'honneur de vous faire connaître « qu'une somme de 77 fr. 55, montant du « réglement de compte du sieur Q..., est à « la disposition de sa veuve à la gare de...

« En outre, je suis heureux de vous an-« noncer que, sur ma proposition, le Conseil « d'administration, dans sa séance du 8 juil-« let dernier, a alloué à cette veuve un se-

« cours de 300 francs, afin de l'aider à sortir
« de la situation précaire où elle se trouve.
   « Veuillez agréer, etc.

« Le Directeur de la Compagnie,

« *Signé : X...* »

En insistant sur l'allocation du secours
de 300 francs, on espère sans doute que le
protecteur interviendra pour faire accepter
la somme. On se trompe cependant. Ce
n'était pas là ce que demandait la veuve, et
l'expression de : « secours » improprement
employée dans sa lettre avait pour elle une
tout autre signification, comme on va le voir
par la communication suivante émanant de
la comptabilité centrale :

« 5 août 1886.

   « Monsieur l'Ingénieur en chef,
   « J'ai l'honneur de vous informer que
« Mme Q..., veuve d'un poseur de la ligne
« de... à..., a refusé de recevoir le secours
« de 300 francs ordonnancé dans votre
« comptabilité de juillet dernier, et a donné

« pour motif que cette somme est loin
« d'être suffisante pour lui permettre d'éle-
« ver ses enfants... »

Qui a raison? La veuve ou la Compagnie?
La mère de famille a-t-elle des prétentions exagérées. Demande-t-elle pour prix
de la vie de son mari et pour subvenir à
celle de ses enfants une somme trop élevée?
ou bien 300 francs sont-ils suffisants?

Où sont les torts? Du côté de Mme Q...?
Du côté de son mari qui a eu le tort de
mourir d'une blessure contractée en service
et de faire des enfants qu'il laisse après lui?

Ou bien la faute est-elle du côté de la
Compagnie, qui traite ses agents en bêtes de
somme, travaillant constamment sous la
menace du fouet, et négligeant, pour la
complète satisfaction de leurs maîtres, les
plus élémentaires précautions de sécurité
personnelle? Cette somme de 300 francs
qu'elle offre en compensation de la mort
d'un homme tué en service, est-elle assez
rémunératrice. Le lecteur appréciera.

En tout cas il y aura procès. Tant pis

pour cette femme trop fière pour accepter l'aumône, trop intelligente pour toucher, sans aucun recours ultérieur possible, trois billets de 100 francs qui suffiraient à peine à payer les dettes qu'elle a contractées depuis trois mois. Elle veut plaider? Soit. A la date du 6 août, Mme X... assigne la Compagnie. Elle joue sa dernière carte. Elle luttera pour ses enfants et défendra leur pain. On lui a donné à choisir entre la misère et l'abdication de ses droits d'épouse et de ses devoirs de mère. Elle choisit la misère, et se dresse seule, pauvre, dénuée de tout devant les exploiteurs.

Désormais la Compagnie est fixée sur l'attitude de la veuve, qui n'est plus pour elle qu'un adversaire, qu'elle poursuivra sans merci.

Aussi prend-elle rapidement ses précautions.

SERVICE DU CONTENTIEUX.

« Monsieur,

« J'ai l'honneur de vous adresser sous
« ce pli la copie d'une assignation devant

« le tribunal civil de..., donnée à la re-
« quête de Mme veuve Q... dont le mari est
« mort le 21 mai dernier des suites d'une
« blessure reçue par lui le 27 avril dernier
« en travaillant à la gare de...

« Je vous prie de vouloir bien m'adresser
« les pièces et renseignements nécessaires
« à la défense de la Compagnie.

« Le Chef du contentieux,

« *Signé* : X... »

(En marge, de la main de l'ingénieur en chef :)

« Communiqué à M. X... avec prière de
« me donner des renseignements très précis,
« sur les circonstances dans lesquelles l'ac-
« cident a eu lieu, afin de présenter la dé-
« fense de la Compagnie. *Très urgent.*

« *Signé* : X... »

Le même jour les renseignements arrivent.

« 18 août 1886.

« Monsieur l'Ingénieur en chef,

« J'ai l'honneur de vous donner ci-après
« copie des renseignements fournis par
« M. X..., chef de section.

« Le 27 avril dernier, les agents de l'é-
« quipe n°... procédaient en gare de... dans
« les voies du dépôt au remplacement du
« changement à trois voies n°... en faisant
« la pose des traverses du nouveau châssis;
« huit hommes avec le poseur Q... étaient
« occupés à ce travail. Au moment de la
« mise en place d'une traverse, Q... la
« maintenant par une extrémité, l'autre
« extrémité posant à terre, quand il la laissa
« tomber son pied gauche se déplaça de
« telle sorte en roulant sur un caillou du
« ballast, que son orteil fut pris entre le
« sol et la traverse et par suite écrasé.

« Transporté à domicile, Q... a reçu les
« soins du médecin de la Compagnie.
« Mme Q... ne voulut pas, paraît-il, qu'on
« le conduisît à l'hospice.

« Le 10 mai suivant, le sous-chef de sec-

« tion se rendit chez cet agent qu'il trouva
« en bonne voie de guérison. Ce n'est
« d'ailleurs que le 15 mai que commencè-
« rent les attaques de tétanos; elles se con-
« tinuèrent jusqu'au 21 à deux heures du
« matin, heure à laquelle il expira.

« Veuillez agréer, etc.

« L'Ingénieur chef de la... division,
« *Signé :* Y... »

Mme Q... n'a nullement l'intention cependant de poursuivre le procès. Elle espère amener la Compagnie à faire des conditions plus acceptables, à preuve la lettre
ci-dessous que l'avoué de la malheureuse
adresse au Directeur :

« Monsieur le Directeur,

« Le 27 avril 1886, un sieur Q..., em-
« ployé à votre Compagnie, a été blessé au
« pied en travaillant à la gare de... Il est
« mort des suites de cette blessure le 21
« mai, et sa veuve me charge d'intenter à
« votre Compagnie, tant en son nom qu'en
« celui de ses trois enfants mineurs, une
« action en dommages-intérêts.

« Avant de le faire, j'ai cru devoir vous
« écrire afin d'arranger cette affaire à l'a-
« miable si c'était possible.

« Veuillez me faire connaître votre déci-
« sion et agréer, etc.

« *Signé* : L..., avoué. »

On ne répond même pas. C'est, on le
voit, à son corps défendant que Mme Q...
engage une action dont elle craint l'issue
plus qu'elle ne la désire. Elle est faible, ses
adversaires sont forts. Elle ne possède aucune influence, partout ils ont crédit. Elle
est seule, abandonnée ; eux sont entourés
de tous les moyens de défense que procure,
même aux malhonnêtes gens, le prestige de
la fortune. C'est sous le coup d'une profonde
angoisse qu'elle se décide à attaquer.

La Compagnie n'hésite pas. Les procès
avec les veuves sont pour elle une vieille
habitude. Généralement elle joue de
bonheur, elle les gagne. Aussi engage-t-elle
ardemment la partie.

Le 20 août, elle communique le dossier
au service du Contentieux. Insuffisamment

renseigné, celui-ci demande à la date du 23 un complément d'instructions. L'assignation vise le manque de précautions, et les premiers renseignements fournis ne répondent pas à cette allégation.

SERVICE DU CONTENTIEUX.

« Monsieur,

« J'ai l'honneur de vous accuser récep-
« tion de votre lettre du 20 août courant,
« relative à l'affaire Q..., poseur de la voie,
« mort des suites d'un accident arrivé le
« 27 avril dernier à la gare de... et des
« pièces qui s'y trouvaient jointes.

« Je vous serai obligé de vouloir bien
« remarquer que la demande de l'adver-
« saire est basée sur ce que toutes les pré-
« cautions nécessaires n'auraient pas été
« prises.

« Les pièces que vous m'avez adressées
« ne me permettant pas de répondre à cette
« allégation, je vous prierai de vouloir

« bien me faire parvenir des renseigne-
« ments complémentaires à ce point de
« vue.

« Le Chef du contentieux,

« *Signé :* X... »

Ces renseignements parviennent le 27 août. Comme toujours, la Compagnie se disculpe et attribue à l'imprudence de son agent l'accident mortel dont il a été victime. Comme toujours également, elle fait preuve de la plus insigne mauvaise foi. Mais dans l'affaire qui nous occupe, non seulement elle est cynique, elle est barbare. Sa haine aveugle l'entraîne à un acte inqualifiable.

Depuis que le procès suit son cours, la veuve végète. Elle s'est astreinte à l'existence la plus précaire pour demeurer dans la localité où doivent se débattre ses intérêts et ceux de ses enfants. Vaincue enfin par la misère, ne sachant où trouver du secours, elle songe à s'adresser à ses parents. Là au moins on ne la repoussera pas. Elle se dispose donc à partir.

Partir! Mais la maison paternelle est loin et la veuve est sans ressources. Il lui faut emmener ses enfants, son pauvre mobilier, autant de frais qu'elle ne peut couvrir.

Si elle demandait à la Compagnie? Malgré le procès, on aurait peut-être pitié d'elle? Qu'en coûterait-il à l'Administration pour rapatrier la mère et les enfants, et transporter leurs quelques hardes? Pas grand'-chose. La Compagnie ne se refusera pas à leur donner un coin de wagon où ils se feront bien petits pour ne pas gêner.

Humblement, Mme Q... adresse la requête suivante :

« *Monsieur le Directeur de la Compagnie de...*

« La malheureuse mère de famille sous-
« signée a l'honneur de s'adresser à vous
« pour vous prier de vouloir bien lui ac-
« corder une réquisition franco afin de faire
« retourner son petit mobilier à son pays,
« où je vais être obligée de me retirer avec
« mes petits enfants près de ma famille,
« n'ayant plus à... aucunes ressources pour

« exister et vivre avec trois enfants en bas
« âge.

« Monsieur le Directeur, je suis la veuve
« Q... dont le mari, poseur, est décédé le
« 21 mai dernier des suites d'une blessure
« au pied reçue en service le 25 avril 1886.

« Je me suis déjà adressée au service de
« la voie auquel mon mari appartenait,
« pour obtenir la réquisition que j'ai
« l'honneur de solliciter; *mais elle m'a été*
« *pour ainsi dire refusée*, pour la cause que
« je vais vous expliquer.

« A la suite du décès de mon mari, il
« m'a été proposé de toucher un secours
« de 300 francs mais à condition que je
« signerais un acte comme quoi je tenais la
« Compagnie quitte sans pouvoir jamais
« rien lui réclamer. J'ai refusé de signer
« cet acte et je n'ai rien touché.

« Vous devez bien penser, monsieur le
« Directeur, que cette somme de 300 francs
« est bien insuffisante pour élever trois
« enfants en bas âge, l'aîné âgé de cinq ans
« et le plus jeune un an.

« Restée veuve sans ressources et sans

« moyens d'existence, j'ai dû adresser par
« M. L…, avoué à…, une demande autre
« que l'offre ne m'a été faite, et c'est pour
« ce motif que la réquisition a été refusée,
« c'est-à-dire qu'il m'a été répondu que *si je*
« *voulais consentir à ce qui m'a été offert on*
« *m'en donnerait une…*

« Signé : Vve X… »

Est-il possible d'allier à autant de bassesse
de caractère des moyens pareils d'intimi-
dation?

Nous parlera-t-on encore, dans les mi-
lieux intéressés et jusque dans les cabinets
de ministres, ou vendus, ou lâches, ou
ignorants, de ce paternel intérêt que por-
tent les Compagnies à leurs agents? Nous
vantera-t-on encore cette hauteur de vues,
cette générosité native qui caractérisent les
classes soi-disant dirigeantes.

Ce simple fait suffit pour les juger et
prouver avec quelle méprisable rapacité
elles poursuivent les malheureux qu'elles
exploitent. Pour arriver à leurs fins tous
les moyens leur sont bons, et sous des de-

hors cauteleux et séduisants, elles cachent toutes les tares de leur caractère de bourgeois corrompus et de financiers avilis.

Cependant, comme la supplique a été adressée au Directeur de la Compagnie, on consulte pour la forme l'ingénieur de division.

Mû, sans doute, par un sentiment d'humanité d'autant plus louable qu'il est plus rare, ce sous-ordre répond à la date du 15 novembre : « Qu'il lui paraît rationnel « et convenable d'accorder à cette veuve « les permis et la réquisition qu'elle solli- « cite afin de lui permettre de se rapa- « trier. »

Cet ingénieur a été bien mal inspiré en soutenant la requête d'une veuve dont la Compagnie a tué le mari, et à laquelle elle refuse de venir suffisamment en aide. Ce monsieur manque de fermeté, on le lui fera savoir, en même temps qu'on apprendra à la veuve ce qu'il en coûte de faire des procès.

L'ingénieur en chef écrit lui-même en marge de la malencontreuse lettre, cette note d'un brutal laconisme :

« 17 novembre 1886.

« Retour à M. X...., ingénieur en chef
« de la... division, avec prière de faire avi-
« ser Mme Q..., qu'en raison du procès
« qu'elle a intenté à la Compagnie, il n'est
« pas possible d'accueillir favorablement
« sa demande.

« L'Ingénieur en chef,

« *Signé :* X... »

Non seulement on ne veut pas venir au
secours de Mme Q..., non seulement on les
livre à la faim, elle et ses enfants ; on fait
mieux. Quand elle jette ce cri suprême de
tous ceux qui souffrent et qui vont mourir :
Maman ! Quand dénuée de tout, elle se re-
tourne vers la maison paternelle pour y
chercherai de et assistance ; quand avec instance elle demande qu'on l'y ramène avec
ses petits, son patron, son bourreau lui répond : « Non, tu n'iras pas. Misérable tu
« es, misérable tu resteras, et tes enfants
« auront faim. Tel est mon bon plaisir.

« Tu veux revoir tes parents? Il est
« certes en mon pouvoir de te rendre à ta

« famille. Mais signe d'abord ce que je te
« demande après avoir accepté ce que je
« t'offre. Signe donc! crève la faim! » Non!
elle ne signera pas. Elle s'obstine. Elle se
révolte. Il y a des juges! après tout.

La malheureuse a un instant d'espoir.
Le 24 novembre, le tribunal rend sa sen-
tence : « Il condamne la Compagnie à ser-
« vir à la veuve Q... une pension annuelle
« de 300 francs, réversible sur la tête de
« ses trois enfants mineurs, jusqu'à ce que
« le plus jeune ait atteint sa seizième
« année. »

Le bonheur de Mme Q... dure peu. Un
mois après, le Conseil d'administration au-
torise l'appel du premier jugement, et le
18 avril 1887, la Cour infirme la décision
des premiers juges. Elle condamne en outre
la veuve aux frais et dépens. Encore une
fois, les exploiteurs ont triomphé. Il fallait
s'y attendre. C'est l'éternelle histoire du
peuple des travailleurs qui se recommence.

Que va faire maintenant cette malheureuse mère de famille? Ce que font toutes
les autres. Elle s'humiliera et tendra la

main. Elle ne réclame plus ce qu'on lui doit, elle demande l'aumône en demandant pardon :

« Monsieur le Directeur,

« La malheureuse mère de famille, sous-« signée, a l'honneur de s'adresser à vous « pour vous prier d'avoir pitié de sa misère « avec ses trois petits enfants, dont le plus « vieux n'a que six ans.

« Je vous prie, monsieur le Directeur, « de vouloir m'accorder quelque chose pour « pouvoir donner du pain à mes pauvres « petits, n'ayant plus personne que moi « sur la terre. Je vous prie, monsieur le « Directeur, d'avoir pitié d'eux, je réclame « votre protection, je vous prie de donner « une suite favorable à ma *demande, et* « *d'oublier mon ingratitude.*

« Je suis votre reconnaissante servante,

« Vve Q... »

Elle a été ingrate ! Elle est la reconnaissante servante de ceux qui lui ont tué son mari, et l'ont livrée elle et ses enfants, à toutes les tortures.

Pour clore cette triste série, nous citerons un dernier cas.

Au mois de novembre 188... une femme L..., garde-barrière, était tuée à son poste par un train qui déraillait au passage à niveau.

Le fourgon de tête broyait, en tombant, le crâne à la malheureuse. Sa mort faisait deux orphelins, dont l'un encore à la mamelle. Ici, la Compagnie est absolument dans son tort. Il lui est impossible de discuter, de plaider, elle avoue. On va voir avec quelle prudence elle s'engage, avec quelle rapacité elle va traiter le mari et les enfants, et leur disputer l'indemnité à laquelle ils ont droit.

Comme toujours elle laisse les intéressés dans l'incertitude. L'accident s'est produit le 11 août et ce n'est qu'au mois de novembre qu'elle s'occupe de l'affaire et encore de la façon la plus discrète comme le prouvent les documents ci-dessous :

« Paris, le 10 novembre 188...

« Déraillement du 11 août 188... Sur la « ligne de... à... Demande d'indemnité L...

« Voici le résumé de l'entretien que j'ai
« eu à ce sujet avec M. X...

« Dans le cas où un agent est tué en ser-
« vice et qu'on ne peut lui reprocher aucune
« imprudence sans que d'autre part la
« Compagnie soit en faute (l'hypothèse
« n'est pas impossible, ce serait le cas d'un
« accident dû à la force majeure), l'indem-
« nité qui est accordée à la famille a le ca-
« ractère d'un *secours* parce qu'alors la
« Compagnie n'est pas responsable, et, par
« suite, le montant de cette indemnité peut
« être arbitrairement fixé.

« Mais dans l'espèce, il ne saurait en
« être de même, attendu que la Compagnie
« est *et s'est reconnue responsable* du dérail-
« lement de...

« (M. X..., en effet, sait et m'a dit offi-
« cieusement que M. Y..., inspecteur de
« l'exploitation, a été chargé de tran-
« siger si faire se peut avec les voyageurs
« blessés.)

« Dans ces conditions, l'indemnité à
« allouer au sieur L... en raison de la mort
« de sa femme *a le caractère d'une répara-*

« *tion qui doit être adéquate au dommage*
« *causé.*

« Mais quelle somme y a-t-il lieu d'al-
« louer? C'est bien difficile à apprécier
« exactement. Il est évident que le préjudice
« eût été beaucoup plus grand si le mari
« eût été tué au lieu de la femme, car c'est
« le mari surtout qui pourvoit à la subsis-
« tance de la famille. La mort de la femme
« aura principalement pour résultat d'en-
« traîner pour le sieur L... des frais de
« garde de ses enfants qui sont en bas âge,
« et ces frais de garde seront plus ou moins
« considérables, suivant que le père restera
« veuf ou se remariera,

« M. X... estime que si la Compagnie
« s'en tirait avec *500 francs* (il s'agit, bien
« entendu, d'une somme une fois donnée et
« non d'une rente) la Compagnie ferait une
« bonne affaire.

« Signé : Y... »

« *Une bonne affaire!* » Le mot est igno-
blement joli. On se préoccupe de faire une
bonne affaire quand deux enfants en bas âge

viennent de perdre ce qu'ils ont de plus précieux au monde, quand l'un d'eux privé de soins, privé surtout de l'allaitement naturel peut d'un jour à l'autre en mourir.

Tout ce qu'il faut c'est que la Compagnie s'en tire.

Nous voyons d'ici ces rentiers fonctionnaires, licenciés ou docteurs, qui viennent, en appelant à leur aide la volonté divine, mendier aux Compagnies quelques milliers de francs, nous les voyons discuter gravement lequel dans une famille fait le plus faute pour les enfants, du père ou de la mère.

Tous ces bourgeois, fruits secs de facultés ou d'écoles, malgré leurs boules blanches, qui bouchent maintenant toutes les issues de l'avancement aux malheureux qui attendent qu'ils soient gavés pour manger, ne feraient certes pas faute dans leurs foyers. Ils ont pris aux misérables qu'ils exploitent en parfaits basochiens, assez de leurs maigres ressources pour s'en faire des revenus.

Inutile d'ajouter que s'ils arrivent à conclure cette *bonne affaire* dont ils parlent la bouche pleine, la Compagnie qui ne vaut pas mieux qu'eux leur en saura gré, et reconnaîtra en fin d'année par la forte somme, le service qu'ils lui auront rendu aux dépens de malheureux orphelins auxquels ils disputent la vie sur le cadavre de leur mère.

Mais cet édifiant morceau n'est pas seul, voici la fin :

« Paris, le 29 novembre 188...

« Monsieur le Chef du Contentieux a « examiné de nouveau cette affaire à l'occa- « sion de la note de M. X... communiquée « par M...

« Voici le résumé de la conférence que « nous avons eue à ce sujet.

« M. X... m'a d'abord demandé quelle « somme en ce qui me concerne person- « nellement je serais d'avis de donner. J'ai « indiqué 2,000 francs.

« Il m'a dit que, pour lui, il avait fait « d'abord offrir 500 francs, mais que si « L... avait montré des dispositions con- « ciliantes, il serait allé jusqu'à 1,000 francs.

« M. X... a fait alors appeler M. Z... et

« après avoir expliqué l'affaire, il lui a de-
« mandé son chiffre. M. Z... s'est prononcé
« pour 3,000 environ.

« Il y avait donc divergence dans les ap-
« préciations.

« Puis la nouvelle demande de L... (pen-
« sion mensuelle de 20 francs pour chaque
« enfant jusqu'à l'âge de quatorze ans a été
« examinée et discutée).

« La conclusion a été qu'il y avait, en
« somme, intérêt à éviter un procès étant
« donné surtout que L... est un agent de la
« Compagnie, que sa femme a été tuée en
« service et que la situation des enfants en
« très bas âge (puisque l'un n'a pas encore
« un an et l'autre pas encore trois mois) est
« intéressante.

« D'autre part, la combinaison de la rente
« temporaire offre des avantages sur la
« première demande de L... qui avait
« d'abord réclamé un capital de 20,000
« francs (étant bien entendu que la rente
« cesserait d'être versée si les enfants
« mouraient avant quatorze ans).

« Bref, M. le Chef du Contentieux est

« d'avis que la Compagnie pourrait
« consentir à faire une offre nouvelle de
« 150 francs par enfant, soit 300 francs
« pour les deux (au lieu de 480 demandés)
« avec stipulation expresse que la Compa-
« gnie ne serait tenue de la servir que tant
« que les enfants vivraient, et qu'elle serait
« déliée de toute obligation s'ils venaient
« à mourir avant l'âge de quatorze ans. Il
« serait stipulé en outre qu'en cas de mort
« d'un seul des enfants, elle ne servirait
« plus au père qu'une rente de 200 francs
« au lieu de 300 francs (soit une réduction
« de 100 francs).

« Le père renoncerait formellement à
« toute action contre la Compagnie pour
« tout préjudice qu'il aurait pu éprouver.

« Il y aurait lieu en conséquence de faire
« une nouvelle démarche auprès du sieur
« L... pour savoir s'il accepterait de traiter
« dans ces conditions. »

Le sieur L... n'accepta pas toutefois, et
l'appui des personnages cités dans le docu-
ment ci-dessus (un maire et un administra-
teur de la Compagnie, grand propriétaire)

obtint la misérable pension de 480 francs qu'il demandait. Il est probable qu'il eût dû se contenter des injurieux 500 francs proposés par le rapace X... s'il n'eût pu faire agir l'influence de ces redoutés personnages. Nul doute enfin, que s'il eût manifesté la moindre velléité de résistance on l'eût mis dans l'alternative ou d'accepter ou de quitter la Compagnie, sans aucun égard pour la situation de ses deux enfants.

Ce sont là des moyens couramment employés.

En présence de cette famille accablée de misère, s'humiliant devant ceux qui ont créé son affreuse situation, en face de ces pauvres, demandant pardon d'avoir eu un instant de fierté, d'avoir cru en la justice des hommes, on se demande quels sont les plus lâches?

Ceux qui exploitent en abusant de leur force?

Ou bien ceux qui, hommes et citoyens jouissant au même titre de tous les droits et soumis aux mêmes devoirs, supportent cet intolérable joug.

Espérons cependant que la justice immanente qui préside à toutes choses leur donnera leur revanche un jour, et que les esclaves d'aujourd'hui seront les maîtres de demain. S'ils le veulent ils le peuvent.

————

Ceci dit, quels sont les moyens à employer par les agents des grandes Compagnies de chemins de fer pour arriver à une amélioration de leur sort?

Ils sont de trois sortes :

1° Les pouvoirs publics;

2° Les associations syndicales;

3° La grève.

Dans l'état actuel de la société, les employés de chemins de fer n'ont rien à attendre des pouvoirs publics. L'exécutif et le législatif sont complètement acquis au capital contre le travail; c'est la conséquence fatale de l'erreur toujours commise par le suffrage universel de se faire représenter par des hommes dont les intérêts sont opposés aux siens. Les délégués des employés de chemins de fer ont dû se convaincre de la vérité de ce que nous disons lors de la dernière grève. L'accueil plus que froid, dédaigneux presque, que leur firent les députés de Paris, l'injurieuse réception du ministre des travaux publics, ne leur peuvent laisser aucun doute à ce sujet. Il faut donc renoncer à ce moyen, à moins cependant qu'il ne se produise une évolution politique dans les masses populaires, qui, déplaçant l'axe du pouvoir, prendraient alors l'initiative des réformes urgentes à accomplir dans la société actuelle. C'est la théorie de Jules Guesde, et, à notre humble avis, c'est la seule vraie.

Mais nous n'en sommes pas encore là, et, en attendant, les employés de chemins de fer ne devront compter que sur eux pour faire aboutir leurs revendications.

Le deuxième moyen, l'association syndicale, serait certainement le meilleur, s'il pouvait être appliqué largement. Mais la bourgeoisie dirigeante a introduit dans la loi sur les syndicats des mesures préventives qui réduisent considérablement les effets qu'on en pourrait attendre. Ceux qui détiennent le capital, et s'en font non seulement une arme de gouvernement, mais encore d'oppression, le gardent avec un soin jaloux, et entourent cette arche sainte de toutes les mesures de sécurité désirables.

Ils sont résolus à l'empêcher d'aller aux masses, qui, en très peu de temps le reconstitueraient à leur profit, et deviendraient alors les maîtresses de la situation.

Il est en effet de toute évidence que, si un syndicat d'employés de chemins de fer composé de deux cent mille adhérents — soit la moitié des membres de cette corporation — versant mensuellement 1 franc — pouvait acquérir pour son compte les actions des sociétés d'exploitation des voies ferrées, il ne tarderait pas à en posséder la majeure partie.

Deux cent mille adhérents à 1 franc par mois, représentant une somme annuelle de deux millions quatre cent mille francs, constitueraient au bout de dix ans le capital énorme de vingt-quatre millions. Au taux actuel (901 francs) des actions de la Compagnie de l'Est, par exemple, ils en pourraient acquérir 27,748, soit 30,000 en ajoutant les intérêts à ce capital brut. Il arriverait donc ceci, c'est que dans un délai très court les ouvriers de chemins de fer auraient, grâce à leur colossale fortune collective, la prépondérance dans les conseils d'administration, et exploiteraient leurs propres lignes après en avoir chassé les anciens exploiteurs.

Le capital fainéant passerait aux mains du travail. Les riches d'aujourd'hui seraient les pauvres de demain.

En possession du pouvoir d'acquérir et de prendre sa part de la fortune publique, n'importe quel syndicat ouvrier pourrait se permettre d'attaquer les plus puissantes entreprises, et, dans un nombre d'années très restreint, les associations syndicales seraient maîtresses du marché financier, et conséquemment du marché industriel et commercial.

Le capital s'est fort bien rendu compte de cette redoutable puissance de la collectivité, c'est-à-dire de l'association. Aussi la bourgeoisie dirigeante s'est-elle empressée d'introduire dans la loi sur les syndicats l'interdiction pour eux d'acquérir la personnalité civile, c'est-à-dire le droit de posséder. Qu'on abolisse cette clause et la révolution sociale est faite. Quoique cela, si imparfaite que soit leur législation, les syndicats ont du bon en ce sens que, s'ils n'arrivent pas encore à constituer le capital collectif, ce qui serait presque la perfection, ils forment des agglomérations d'individus, unis dans une action commune pour la défense d'intérêts communs. Quelques-uns régissent d'une façon assez juste la loi de l'offre et de la demande et arrivent à obtenir des salaires suffisamment rémunérateurs. D'autres, mieux organisés, plus forts et plus influents, assurent directement le recrutement de leur corporation et augmentent de ce fait le nombre de leurs adhérents.

Mais les employés de chemins de fer ne peuvent encore prétendre à cela.

Au point de vue du recrutement et à celui des salaires, ils n'auront, sinon jamais, du moins qu'après bien des luttes, une action décisive sur les Compagnies.

Leur syndicat ne peut donc être qu'un instrument de combat, un outil bien conditionné, destiné à forger la seule arme avec laquelle ils puissent atteindre leurs exploiteurs, c'est-à-dire la grève générale.

C'est par le syndicat seul qu'ils la feront aboutir, si cette fois ils savent s'entendre, et tirer de ce troisième moyen, tout en restant dans la légalité, tout ce qu'il peut donner.

La dernière grève n'était pas organisée. Faite de pièces et de morceaux mal assortis, issue d'un sentiment de colère et de mauvaise humeur, plutôt que d'un mouvement bien raisonné, bien combiné et appuyé sur une base inattaquable, elle était condamnée à un avortement.

Les grévistes entraînés d'une façon irréfléchie, ne se rendant pas bien compte de leurs opérations, marchant sans but bien déterminé, allaient à la lutte, les uns sans foi, sans conviction, les autres poussés par l'exemple ; ceux-ci avec nonchalance, ceux-là, et ce sont des coupables, par intérêt.

Tout n'est pas perdu pour cela, bien au
contraire, mais tout est à refaire. Le syndicat des employés de chemins de fer doit
être complètement remanié, et prendre
pour base de sa future organisation, l'organisation elle-même du personnel des voies
ferrées.

On ne met pas en mouvement une agglomération de quatre cent mille travailleurs,
comme on mène au combat une corporation syndiquée de deux ou trois mille membres. Il lui faut un outillage spécial, assorti
aux moyens dont disposent ses différentes
unités.

Tous les employés de chemins de fer ne
concourent pas de la même façon à l'exploitation d'un réseau.

Suivant les différentes catégories d'emplois auxquelles ils appartiennent ils exécutent un travail spécial, dont la combinaison
avec les autres parties du service assure la
circulation des trains, et le transit des
voyageurs et des marchandises.

Tous les employés de chemins de fer proprement dits, sont donc des spécialistes, brisés depuis longtemps à la même occupation, et l'accomplissant quotidiennement avec la même routine et la même sûreté qu'un cheval de manège exécute ses exercices.

Tous, ils ont une manière d'être, une manière de vivre bien différentes, une situation sociale qui a des points communs, mais dont le détail diffère.

Il serait donc à désirer qu'il y eût dans la nouvelle organisation, autant de chambres syndicales qu'il y a de catégories d'employés.

Cette organisation serait alors la suivante :

Trois grandes chambres syndicales correspondant aux trois grands services de tout réseau.

Chambre syndicale des Employés de l'Exploitation et du Mouvement.	Conducteurs et chefs de trains. Contrôleurs, surveillants, etc., receveurs.

Chambre syndicale des Employés de l'Exploitation et du Mouvement.	Préposés-receveurs, surveillants télégraphistes. Facteurs, sous-facteurs. Hommes d'équipe, aiguilleurs. Cochers, camionneurs.
Chambre syndicale de la Traction.	Mécaniciens, chauffeurs. Employés de dépôt. Laveurs. Hommes d'équipe. Ateliers.
Chambre syndicale de la Voie et du Matériel fixe.	Chefs d'équipe. Poseurs. Gardes-barrières. Gardes-tunnels. Surveillants de nuit. Garde-signaux. Équipes volantes. Employés de dépôt.

Ces chambres syndicales seraient formées dans les grands centres d'exploitation, et dans les chefs-lieux de département qui correspondent généralement aux circonscriptions administratives et techniques de l'Administration.

Elles nommeraient une commission dans chaque chef-lieu d'arrondissement, laquelle commission déléguerait ses pouvoirs à un, deux, ou trois membres, dans les chefs-lieux de canton desservis par des voies ferrées.

De cette façon, tous les employés de chemins de fer français formeraient une masse compacte, bien disciplinée, s'inspirant des mêmes sentiments, absolument d'accord sur les termes des revendications à formuler, et possédant en cas de grève ou de chômage, des ressources considérables. Toutes les parties de ce grand corps seraient parfaitement unies, et tous ses membres, toutes ses forces parfaitement harmonisés concourraient au même but dans un effort unique.

Pour compléter cette organisation, les employés de chemins de fer tiendraient chaque année un congrès formé par les délégations des différentes chambres, congrès qui prendrait le titre de syndicat général des employés de chemins de fer.

C'est dans ce congrès, à l'assemblée de ce syndicat général, que seraient débattues les questions à l'ordre du jour, et qui pour nous se résument ainsi :

1° Le recrutement du personnel ;

2° Les salaires ;

3° Les accidents ;

4° Les retraites.

Le jour où parfaitement d'accord sur ces réclamations, les employés de chemins de fer voudraient les faire aboutir, ils pourraient, conscients de leur force, poser un ultimatum au capital exploiteur. Au cas probable où celui-ci résisterait, un simple avis du congrès décrétant la grève générale, supprimerait à la même heure et à la même minute, tout service sur toutes les parties du réseau.

D'un mot, sans aucune violence, toutes chambres réunies comme pour un suprême jugement, le travail mettrait sur toute l'étendue du territoire le capital en interdit, et celui-ci cèderait d'autant plus volontiers qu'il serait frappé dans son organe essentiel, le transit.

Avec la bonne volonté et l'énergie dont ils sont animés, les employés de chemins de fer arriveraient facilement, croyons-nous, à cette organisation offensive autant que défensive.

De cette façon, ils ne devraient rien qu'à eux, et sauraient se passer de la protection de députés bourgeois qui, sous des dehors cauteleux, ne cherchent qu'à étouffer leur voix, ou à leur ôter tous les jours un peu de cette liberté et de cette indépendance qu'à l'instar de leurs salaires on leur distribue parcimonieusement.

« Les actes sont des mâles, et les paroles des femelles », dit un vieux proverbe.

Que les employés de chemins de fer agissent donc, leur triomphe est assuré.

C'est ce que peut leur souhaiter de mieux en terminant cette étude, un de leurs anciens camarades.

FIN.

TABLE ALPHABÉTIQUE

	Pages
Accidents	70
Agents du service actif	37
Chambres syndicales	156
Chefs d'équipes et poseurs	42
Employés auxiliaires	27
Employés de bureau	19
Exploiteurs inférieurs	11
Exploiteurs supérieurs	18
Gardes-barrières (*hommes et femmes*)	59
Garde-signaux	48
Rapports spéciaux	79
Service de la voie	39
Surveillants de nuit	54
Tableau des salaires	40

Paris. — Imp. A. LANIER ET SES FILS, 14, rue Séguier.

www.ingramcontent.com/pod-product-compliance
Ingram Content Group UK Ltd.
Pitfield, Milton Keynes, MK11 3LW, UK
UKHW020202130726
13696UKWH00002B/659